#Endboss-besiegen #Flexibilität #Privatleben #Einflussnahme
#ultimative-Herausforderung #Einfluss #Endboss-besiegen
#Einfluss #Entscheidungsfindung #Integrität #eigene-Projekte
#Veränderung #Durchsetzungsvermögen #Freiheitsliebe
#Projektarbeit #Purpose #Veränderung #Wandel #Absicherung
#Einfluss #Teamfähigkeit #Vorhersehbarkeit #Wandel #Werte
#Flexibilität #Privatleben #Veränderung #Vereinbarkeit
#eigene-Projekte #Erfolgsorientierung #Ideenvulkan #Wandel
#Serienunternehmer #Unternehmergeist #Einfluss #Effizienz
#fachliche-Anerkennung #Kreativität #Makergeist #Resilienz
#Meisterschaft #Spezialisierung #Ausdauer #Endboss-besiegen
#Gewinnermentalität #Problemlösungskompetenz #ultimative-
Herausforderung #Meisterschaft #Purpose #Veränderung
#Wandel #Werte #Einflussnahme #Entscheidungsfindung
#Führungskompetenz #Integrität #Resilienz #Ausdauer
#Durchsetzungsvermögen #Freiheitsliebe #Selbstmanagement
#Projektarbeit #Absicherung #Kontinuität #Teamfähigkeit
#Strukturliebe #Vorhersehbarkeit #Effizienz #Flexibilität
#Privatleben #Vereinbarkeit #Zeitmanagement #Meisterschaft
#Erfolgsorientierung #Führungskompetenz #Ideenvulkan
#Wandel #Integrität #Resilienz #Unternehmergeist #Ausdauer
#eigene-Projekte #Freiheitsliebe #Ideenvulkan #Spezialisierung
#Selbstmanagement #Unternehmergeist #Erfolgsorientierung
#Ideenvulkan #Strukturliebe #Teamfähigkeit #Unternehmergeist
#Vorhersehbarkeit #Effizienz #eigene-Projekte #Kreativität
#Flexibilität #Ideenvulkan #Unternehmergeist #Vereinbarkeit
#Einflussnahme #Entscheidungsfindung #Wandel #fachliche-
Anerkennung #Führungskompetenz #Werte #Meisterschaft
#Projektarbeit #Durchsetzungsvermögen #Freiheitsliebe
#Kreativität #Makergeist #Meisterschaft #Spezialisierung
Mehr Informationen auf newworkhero.es

Impressum

1. Auflage
New Work Heroes GmbH – Berlin 2018

newworkhero.es

ISBN: 978-3-9818524-3-1
Verlag: © New Work Heroes GmbH, 10969 Berlin

Autor: Jörn Hendrik Ast
Lektorat: Anita Vetter
Design: WilsonFreitag Creative Studio, Felicitas Gerlach
Karrierehelden-Illustrationen: Marie Sann

Arbeitsbuch für Karrierehelden /

New Work Heroes

Lieber Oliver,
von Scentos Big Open
Heart Holiday Party in
dein neues Jahr 2025.
Möge es rocken !

12/2024

Jörn Hendrik Ast

Für Ana Luisa,
Superheldin einer neuen Generation

New Work Heroes

Einleitung

Seit fünf Jahren entwickle ich Formate und Inhalte für eine zeitgemäße Karriereorientierung für motivierende und hoffentlich hilfreiche Trainingsprodukte. Mithilfe einer erfolgreichen Crowdfunding-Kampagne auf Startnext konnte im Dezember 2016 das „Superheldenjournal" veröffentlicht werden. Seither ist noch einiges mehr passiert: Das Journal wurde ins Englische übersetzt und ich habe in vielen Workshops mit Führungskräften aus Konzernen, Kreativwirtschaft, Studierenden an Universitäten und Teilnehmerinnen und Teilnehmern von Konferenzen Heldenreisen zu ihren inneren Karrieresuperkräften unternommen. Insgesamt haben bis heute über 2.000 Teilnehmerinnen und Teilnehmer den Test zur Karriereheldentypologie gemacht.

Mit meiner Arbeit in den Workshops und durch das Superheldenjournal erreiche ich Menschen, die für ihre eigene Karriereorientierung oder die ihrer Teams nach einem wirkungsvollen Format suchen und die Erfahrung einer moderierten Heldenreise machen wollen. Was bisher fehlte, war ein Buch, das die Theorie hinter meiner Arbeit näher beleuchtet. Das vorliegende Buch soll genau das leisten. Alle Trainerinnen und Trainer, Coachinnen und Coaches, Personalerinnen und Personaler sowie Managerinnen und Manager bekommen auf diese Weise einen Zugang zu meiner Arbeit, der ihnen hilft, die Karriereheldentypologie selbst anzuwenden.

Dieses Buch besteht aus zwei Teilen. Der erste Teil beschäftigt sich mit den Fragen rund um die Notwendigkeit neuer Konzepte von Arbeit sowie Karriereorientierung und liefert Antworten durch eine genaue Darlegung der Entwicklung der Karriereheldentypologie. Außerdem teile ich die Erkenntnisse aus der Untersuchung der

Testergebnisse und gebe Tipps, wie die Karriereheldentypologie für die Arbeit in Teams und mit Coachees genutzt werden kann.

Der zweite Teil des Buches (Arbeitsteil) enthält einen exklusiven Zugang zum Karriereheldentest (→ Kapitel 6). Des Weiteren kannst du deine Testergebnisse mit einer nützlichen Übung (→ Kapitel 7: Dein Kompetenznetz) genau beleuchten, die Konzepte und Ideen hinter meiner Arbeit prüfen sowie für dich und deine Karrierefragen erschließen.

Ich wünsche mir, dass du neue, aufregende und heldenhafte Erkenntnisse für deine Karriere und dein Leben gewinnst. Werde zum New Work Hero und hilf anderen dabei, ihre Karrieresuperkräfte zu entdecken. Die Welt braucht neue, starke Ideen sowie tatkräftige Hände und Köpfe zur Umsetzung.

Mit heldenhaften Grüßen

Jörn Hendrik Ast

Berlin, im November 2018

1 / New Work Heroes

Warum die Arbeitswelt von morgen Karrierehelden braucht

Unsere Arbeitswelt ist im Wandel. Die viel beschworenen Schlagworte der heutigen Zeit sind „Industrie 4.0", „Digitalisierung" und „New Work". Dabei ist Wandel natürlich keine Neuigkeit. Bereits vor 165 Jahren fanden Umwälzungen statt, welche die Menschen verunsicherten und nicht wenige die Existenz kosteten. Dazu gehört, um ein Beispiel zu nennen, die Erfindung der Komplettgießmaschine um 1853, die durch neue Druckverfahren die Massenauflage von Druckware möglich machte. Zwar wurden dadurch gleich mehrere Berufsgruppen wie die Handsetzerinnen und Handsetzer oder die Buchbinderinnen und Buchbinder über Nacht arbeitslos, aber die Informationsrevolution, welche die Tageszeitungen und den Massenmarkt für Bücher hervorbrachte, schuf dafür dutzende neue Berufsfelder.

Doch wer weiß: Hätten damalige Handsetzerinnen und Handsetzer oder Buchbinderinnen und Buchbinder die Möglichkeit einer begleiteten Karriereorientierung gehabt, vielleicht gäbe es heute mehr geschätzte Kunstdruckerinnen und Kunstdrucker – und das Wissen um diese historischen Berufe würde im Sinne der Bibliophilie nicht allein in Museen fortleben. Es hätte eine fluide Adaption vorhandener handwerklicher Fähigkeiten mit den neuen mechanischen Möglichkeiten geben können. Stattdessen aber gab es einen radikalen Umschwung, der Perspektiven zerstörte, Fortschritt glorifizierte und Menschen in die Armut drängte. Was können wir heute daraus lernen? Wie kann ein Konzept für eine ganzheitliche Karriereorientierung aussehen, die Mut macht und gleichzeitig dem Zeitgeist gerecht wird?

Mit diesem Buch versuche ich, Antworten auf die eben gestellten Fragen zu finden, und ich lege die Grundlage für die Arbeit mit meinem kompetenzbasierten Karriereheldentest, der Karriereheldentypologie. Seit der Entwicklung des Tests und der tausendfachen Erprobung der dahinterliegenden Metriken sowie der jahrelangen Begleitung von Teilnehmerinnen und Teilnehmern konnte ich viele Erkenntnisse sammeln, die ich nun teilen möchte. Dabei geht es mir darum, die Begriffe des Berufs und der Berufung neu zu denken. Werden wir künftig noch den Rahmen einer Berufsausbildung oder eines Studiums brauchen, um unseren Lebensunterhalt zu bestreiten? Braucht es den starren Begriff des Berufs überhaupt noch? Oder werden wir uns vielmehr kontinuierlich beruflich weiterentwickeln, um die immer kürzer werdenden Innovationszyklen vom Entstehen und Sterben neuer Branchen, Fertigkeiten und Märkte zu meistern? Dies ist kein Loblied auf die unendlichen Möglichkeiten der Technisierung, die Stilblüten treibt wie die Abschaffung der Handschrift[1] in Schulen oder den Glauben an eine multiplanetare Gesellschaft[2], die auf dem Mars siedeln muss. Die Heroisierung der Technologie hat auch 1853 nicht wirklich geholfen. Die Nutznießer der Faszination von neuen Technologien und radikalen Veränderungen waren eher die Vertreterinnen und Vertreter des damals noch jungen, aber aufstrebenden Buchgenres „Science Fiction" – also beispielsweise Autoren wie Jules Vernes, die Welterfolge schrieben. Können denn Fantastereien und Geschichten die Welt der Arbeit verändern? Damit wären wir bei dem Punkt, der mir am wichtigsten für die vorliegende Arbeit mit diesem Buch ist. Ich bin der Überzeugung, dass so, wie es den Handsetzerinnen und Handsetzern oder den Buchbinderinnen und Buchbindern nicht gelang, dem Druck des technischen Fortschritts etwas Kreatives und Einzigartiges entgegenzusetzen, es auch uns heute nicht gelingen könnte. Was wir brauchen, sind kreative Geschichten und Ideen für die Gestaltung des Arbeitsplatzes der Zukunft, denn die stetigen Zyklen von Innovation und Zerstörung führen uns genauso zu der Frage, wie wir morgen arbeiten wollen, wie vor 165 Jahren.

Natürlich ist Karriereorientierung eine echte Herausforderung in einer Zeit, in der sich Berufe durch die Digitalisierung rasant verändern. So gibt es die Tätigkeit der Grafikerinnen und Grafiker, die am Zeichenbrett lernen und arbeiten, schon lange nicht mehr. Auch die Kfz-Mechanikerinnen und -Mechaniker sind verschwunden. Stattdessen reparieren Mechatronikerinnen und Mechatroniker mit Computern die Fahrzeuge ihrer Kundinnen und Kunden – und auch renommierte Kunsthochschulen haben Studiengänge etabliert, die „Leadership in digitaler Kommunikation" oder „Digitale und zeitbasierte Medien" heißen.

Vielleicht stehst auch du, genau wie viele Teilnehmerinnen und Teilnehmer meiner Workshops, vor der Frage, wie du deine langjährige Erfahrung in Berufsfelder einbringen kannst, die du immer weniger kennst. Es könnte aber auch sein, dass du vor dem Problem stehst, dass jährlich neue Berufe entstehen, für die kaum Erfahrungswerte vorhanden sind. Oder kennst du jemanden, der als Community Managerin oder Community Manager in der Games-Branche der Achtziger gearbeitet hat? Wer in dieser hochindividualisierten und sich schnell wandelnden Welt der neuen Arbeit ein erfülltes Berufsleben haben möchte, der sollte geradezu mit Superkräften ausgestattet sein. Denn es reicht nicht mehr, nur eine gute Ausbildung zu haben, ein gutes Referenzprojekt zu absolvieren oder die neusten Buzzwords zu kennen. Da sich Arbeitsmethoden und Industrien in atemberaubender Geschwindigkeit verändern, heißt es, nicht den Anschluss verlieren, nicht zu lange Bodenkontakt haben und von einem Erfolg zum nächsten fliegen. Fürchterlich, oder?

Leider ist diese stressig klingende Beschreibung auch nicht wirklich falsch. Daher nutze ich das Bild der Karriereheldinnen und Karrierehelden und überspitze die Thematik gleich von Anfang an. Es geht mir dabei nicht um die Heroisierung von Karrieristinnen und Karrieristen. Im Gegenteil: Ich möchte dir ein Stück weit die Sorgen und Ängste in Bezug auf die neue Arbeitswelt nehmen und sie in einen völlig neuen Karrierebegriff transformieren. Die Idee dahinter ist, dir Mut zu machen und dir den Rücken zu stärken. Denn es geht nicht darum, rastlos jedem Trend hinterherzulaufen, sondern um die Entwicklung eines neuen Selbstbewusstseins – und vor allem um die Entwicklung von Selbstwirksamkeit. Ich möchte Karrieresuperkräfte wecken. Das Mittel dazu ist die von mir entwickelte Karriereheldentypologie.
Ich habe mich außerdem dafür entschieden, mit Heldinnen und Helden als Veranschaulichung zu arbeiten, um mehr Raum für Möglichkeiten zu schaffen. Denn sobald wir damit anfangen, Möglichkeiten abzuschätzen, und uns dabei fragen, ob wir dieses und jenes wirklich leisten können, kommen Bedenken – und wir verwerfen berufliche Chancen eventuell wieder. Sind wir aber Karriereheldinnen und Karrierehelden, gibt es gar keine Bedenken! Niemand würde anzweifeln, dass Wonderwoman in der Lage ist, die Menschheit zu retten, oder?

Der altehrwürdige Beruf der Schriftsetzerin beziehungsweise des Schriftsetzers, der aus dem Jahr der Erfindung des Buchdrucks um 1445 stammt, wurde in Deutschland offiziell 1998 aufgehoben und machte dem Ausbildungsberuf der Mediengestalterin beziehungsweise des Mediengestalters Platz. Die Veränderungen der Arbeitswelt heute laufen in Sprints im Wochenzyklus und brauchen keine 553 Jahre. Es ist also Zeit für einen neuen Begriff von Karriere.

Die fluide Karriere

Wie lange wird es die Ideen des Berufs und der Berufsbildung noch geben? Wie vermitteln wir berufliches Wissen und Erfahrung in einer Welt, die sich derart schnell verändert wie unsere heute? Nach über zwölf Jahren Arbeit im Bereich New Work habe ich unter anderem mit Personalerinnen und Personalern, Bewerberinnen und Bewerbern sowie Führungskräften gearbeitet, die sich auf dem Bewerbermarkt herumschlugen und dem Fachkräftemangel zu entkommen versuchten. Ich coachte hunderte Startups in Berlin, Hamburg, Bremen und Karlsruhe zu Themen wie „Growth Hacking" und Positionierung. Ich arbeitete mit Erstsemestern und Coachees, die drängende Fragen zu ihrer Karriereorientierung hatten. In all diesen Bereichen be-gegneten mir dieselben Muster, obwohl wirklich jede und jeder, mit der oder mit dem ich arbeitete, längst wusste und auch versuchte, flexibleren Arbeitsformen zu folgen. Doch es gelang ihnen nicht wirklich.

Die Personalerinnen und Personaler steckten in starren Hierarchien oder Budget-diskussionen fest und konnten Themen wie Digitalisierung, fluide Arbeitsformen und neue Führungsmodelle nicht richtig umsetzen. Innovative Führungskräfte wurden durch große Unsicherheiten ihrer Mitarbeiterinnen und Mitarbeiter ausgebremst und kämpften mit schlauen Strategien gegen übermächtige Firmenkulturen. Viele Startups, die ich coachte, waren einfach zu früh dran mit ihren Ideen und wurden gar nicht erst wahrgenommen. Diese Entwicklungen machten mir Sorgen, denn bei all dem ging es doch letztlich immer um Menschen, die Arbeitsplätze sowie Lohn und

Brot verlieren würden, wenn eine Anpassung an die aktuellen Entwicklungen nicht machbar wäre. Also machte ich mich Ende 2013 auf, führte lange Gespräche, gewann Mitstreiterinnen und Mitstreiter – und die New Work Heroes waren geboren. Unter dem Schlagwort „New Work" werden seit einigen Jahren viele der eben beschriebenen Veränderungen des Arbeitsplatzes zusammengefasst, auch wenn der Begriff nicht aus den Zweitausendern kommt. Es war der Arbeitsphilosoph Frithjof Bergmann, der bereits 1984 das „Center for New Work" in Flint gründete, der ehemaligen Hochburg der Automobilindustrie in den USA. Dieses Center war als Arbeitercommunity gedacht, um neue Formen der Arbeit jenseits der Erwerbstätigkeit zu entwickeln. Bergmann sagte oft, die Erwerbstätigkeit sei eine milde Krankheit, an der man nicht sofort sterben, sondern langsam zugrunde gehen würde. Für ihn war es wichtig, neue Formen des Arbeits- und Lebensalltags zu denken. Seine Utopie ist eine Aufteilung des Berufslebens in drei Teile: Ein Drittel seiner Zeit solle man gemeinnützige Arbeit für die Gemeinschaft verrichten, in der man lebt, ein weiteres Drittel solle man für Lohnarbeit zum Zahlen der Rechnungen nutzen und das übrige Drittel solle man darauf verwenden, die Arbeit zu machen, die man wirklich, wirklich machen wolle.

„Es geht uns um die Schaffung einer Gesellschaft und Kultur, in der wirklich jeder, Mann oder Frau, die Chance bekommt, einen beträchtlichen Teil seiner Zeit mit einer Arbeit zu verbringen, die er oder sie erfüllend und faszinierend findet und die die Menschen aufbaut und ihnen mehr Kraft und mehr Vitalität gibt."
Frithjof Bergmann: Neue Arbeit, Neue Kultur. Freiamt 2004, S. 19.

Doch Fabrikarbeiterinnen und Fabrikarbeiter hatten keine Zeit, Erfüllung in ihrer Arbeit zu finden. Sie zogen auch wenig Kraft (und erst recht keine Vitalität) aus ihrem harten Arbeitsalltag. Heute schlägt sich dies in den spezifischen Anforderungsprofilen von Stellenanzeigen nieder – und das System schützt sich selbst. Ausreißerinnen und Ausreißer werden nicht zugelassen, Querdenkerinnen und Querdenker sind Störenfriede und werden versetzt oder gekündigt.

Das klingt zu hart? Ich denke nicht. Denn es ist durchaus gut, klare Worte für die Ressourcenverschwendung zu finden, die wir immer noch täglich in zu vielen Büros erleben. Egal, ob diese Büros Kickertische und eine schöne Aussicht haben oder nicht. Das Bild der Karriereheldinnen und Karrierehelden ist auch eine Kampfansage an die eher unterkühlte Betrachtung von Menschen als Ressourcen. Meiner Erfahrung nach ist es uns nicht möglich, unsere Leidenschaften und unsere Faszinationen von unserem Arbeitsleben zu trennen. Es wäre auch schade. So viele Projekte würden besser laufen, wären effizienter und würden mehr Spaß machen, wenn wir unsere Karrieresuperkräfte einbringen dürften. New Work Heroes schaffen genau diese Verbindung. Wie wir das erreichen können, darum geht es in diesem Buch.

„Die gute Nachricht ist: Jeder Mensch – auch jeder Mitarbeiter – hat Superkräfte, die es zu nutzen gilt. Die schlechte Nachricht: Auch Superman ist nicht immun dagegen, seine Fähigkeiten zu verlieren. Ein wenig Kryptonit reicht, um ihn zu schwächen. Je länger er dem ausgesetzt ist, desto schädlicher wird es für ihn. Unser Kryptonit heißt starre Strukturen, ineffiziente Prozesse und falsche Vorgaben. Je länger wir in ihnen festhängen, umso mehr werden wir von ihnen geschliffen und desto weniger bleibt von unseren Superkräften übrig. Und wenn wir dann dort angekommen sind, wo wir sie wirklich brauchen könnten, haben wir schon vergessen, dass wir sie jemals hatten. Das ist pure Verschwendung von wichtigen Ressourcen."

Christoph Giesa, Lena Schiller Clausen: New Business Order. München 2014, S. 89.

Doch was heißt es wirklich, eine erfüllende Arbeit zu finden, fasziniert zu sein und Superkräfte zu entwickeln? Müssen wir jetzt alle unsere Jobs kündigen? Ist das so etwas wie eine messbare Größe? Wie lässt sich das lernen?
Wer sich auf den Weg gemacht hat, um seine Karrieresuperkräfte zu finden, hat eine gewisse Reife erlangt. Das bedeutet, sich seiner selbst und seiner Fähigkeiten bewusst zu werden. Es ist die klare Gewissheit über das, was wir auf professioneller Ebene leisten können. Es ist auch die Gewissheit darüber, für wen und für was wir bereit sind, diese Fähigkeiten einzusetzen. Das kann durchaus ideologisch werden. „Bin ich bereit, für dieses Unternehmen zu arbeiten?" oder „Möchte ich mit diesen Kolleginnen und Kollegen mehr Zeit verbringen als mit meiner Familie?" sind nur ein paar der kritischen Fragen, die gestellt werden sollten, wenn es um die Entwicklung der eigenen Karrieresuperkräfte geht.

Erfolgsmodell Scheitern

Dass Karriereheldinnen und -helden auch einstecken und schwere Situationen aushalten können, liegt in ihrer Natur. Aber es gibt Momente, aufgrund derer ein Bruch im eigenen Lebenslauf ohne Zögern in Kauf genommen werden sollte. Es ist wichtiger, einer auf die eigenen Fähigkeiten abgestimmten Karriereplanung zu folgen, als ständig auf die äußeren Umstände zu hören. Was nützt es, unzufrieden in einem Job zu sein, sich ständig darüber zu beschweren, aber nichts zu ändern? Es ist doch im Grunde so, dass jeder seine Karriere selbst in der Hand hat. Für die alleinerziehende Mutter, die der Härte des Arbeitsmarktes hierzulande entgegentritt, ist das leichter gesagt als getan. Aber hier geht es erst einmal um die Einstellung zu dem, was jeder individuell tun möchte.

Ich habe viele Menschen im Berufsleben erlebt und viele bei ihren Karriereschritten beraten. Immer, wenn sich alles stimmig und richtig anfühlte, gab es diese eine Gemeinsamkeit: Menschen, die sich ihrer Karrieresuperkräfte bewusst waren, hatten auch eine genaue Kenntnis darüber, was sie können, was sie wollen und wie sie es erreichen. Ein gesundes Selbstbewusstsein, das auf der Erfahrung der eigenen Wirksamkeit im beruflichen Leben beruht, ist ein wichtiger Schlüsselpunkt in Vorstellungsgesprächen, beim Erstellen des eigenen Businessplans und für den Karriereweg, den man beschreiten möchte. Leider bedeutet Karriere für viele oftmals das hier: die erstbeste Ausbildung machen, auch wenn es vielleicht nicht die richtige ist. Hauptsache irgendwie anfangen – und auch damit anfangen, die Arbeit „hinter sich zu bringen". In meinen Augen ist das so, als ob wir einfach erst einmal „vorwärts scheitern" und uns ausprobieren. In diesem Fall aber leider ohne uns Gedanken darüber zu machen, was uns wichtig ist und wohin wir gehören. Es scheint, als ob wir nicht die Zeit dafür hätten, darüber nachzudenken, was wir wirklich tun wollen. Denn der Arbeitsmarkt ist hungrig nach erfolgreichen und beeindruckenden Lebensläufen ohne Lücken. Scheitern gehört nicht dazu. Wer erfolgreich ist, war vorher fleißig, wusste, wo sie oder er hinwollte, hat es sich verdient und wird gefeiert. Wer scheitert und nicht vorankommt, hat es sich selbst eingebrockt. Scheitern heißt oft, außen vor zu bleiben und sich entweder aus Scham selbst zu isolieren oder sogar aus gewissen Kreisen ausgeschlossen zu werden. Öffentlich zu scheitern bedeutet, einen Großteil des Vertrauens einzubüßen, das unter Umständen Jahre gebraucht hat, um zu wachsen. Es zählt Qualität in Form von jahrelangen Erfolgen – und keine Misserfolge.

Was für eine ärmliche Einstellung zu einer so wichtigen Angelegenheit wie dem Lernen aus Momenten des Scheiterns. Wer erfolgreich ist, bekommt ein Sternchen – wer scheitert, eine rote Sechs ins Klassenbuch eingetragen. Es scheint, als ob dieser Rotstift, der damals in der Schule präsent war, uns noch lange darüber hinaus begleitet.

Leider gehen durch diesen negativen Umgang mit dem Scheitern individuelle Erfahrungswerte unter. Es ist diese Rotstift-Mentalität, die verhindert, dass wir solche Menschen loben, die den Mut hatten, etwas auszuprobieren, obwohl sie daran gescheitert sind. Anstatt Wege zum Erfolg oder Nichterfolg zu betrachten, liegt der Fokus oft nur auf dem Endergebnis.

Neue Möglichkeiten sehen

Natürlich führen Rechtschreibfehler im Diktat zu einer schlechteren Note, genauso, wie schlechte Buchhaltung zu Insolvenz führen kann. Doch dazu kommt, dass es sich nicht richtig anfühlt zu scheitern. Scheitern scheint etwas Endgültiges mit sich zu bringen, ein Stigma für etwas, das wir nicht richtig gemacht haben, dass wir einfach nicht gut genug waren. Es macht den Anschein, als ob wir einen vorgegebenen Pfad verlassen hätten, nicht mehr mithalten können und plötzlich danebenstehen. Dabei ist es egal, ob wir unverschuldet gescheitert sind: Wer eine Unternehmung in den Sand setzt, dem haftet der Eindruck der Verliererin oder des Verlierers an. Nehmen wir ein Beispiel, das mich als Gründer ungemein traurig stimmt: Laut dem „Global Entrepreneurship Monitor"[3] von 2016 gibt es kein Land mit weniger Gründerinnen und Gründern im weltweiten Vergleich als Deutschland. Auch die Zahlen des

Gründungsmonitors 2018 der KfW Bank [4] unterstreichen diesen Trend. Trotz eines Konjunkturschubs im Jahr 2017 ist die Zahl der Existenzgründerinnen und Existenzgründer um 17 Prozent im Vergleich zum Vorjahr gesunken. Noch nie gab es weniger Gründerinnen und Gründer. Lieber gehen Deutsche in eine Festanstellung – auch wenn es der Wirtschaft nie besser ging. Ob die Angst vor den Auswirkungen eines möglichen Scheiterns einfach zu groß ist?

Eine offene Kultur des Scheiterns würde sich positiv auf die Lust und den Mut aller angehenden Karriereheldinnen und Karrierehelden auswirken. Je mehr schon vorher im Kopf möglich ist, desto mehr machen wir auch möglich. Wir hätten von Anfang an weniger Angst, wir würden das Scheitern als organisch betrachten und es würde viele Lebensläufe runder machen. Runder, weil ganz und weil einfach ehrlich. Denn niemand ist frei von Fehlern – und wir dürften auch zu ihnen stehen. Perfektion hingegen ist eckig und somit anorganisch. Lasst uns also runder mit den Themen Karriere und Scheitern umgehen! Wenn für eine organische Karriere der positive Umgang mit Fehlschlägen also fast schon als Qualitätsmerkmal gilt, worauf warten wir dann noch? Lasst uns den Job kündigen, den Bus schnappen und die Welt bereisen! Die Möglichkeit, ortsunabhängig zu arbeiten, ist in Zeiten der Digitalisierung doch fast schon eine Aufforderung. Definitiv: Nein!

Eine weitere wichtige Erkenntnis nach fünf Jahren Arbeit mit der Karriereheldentypologie und in diversen Workshops: Die Wege zu einer erfüllten Karriere sind so individuell wie wir Menschen. Auch wenn der Weg ins digitale Nomadentum mit dem eigenen Bus und den besten Surfspots Europas verlockend klingt, vielleicht ist die Zusammenarbeit mit einem guten Team in einer guten Firma die viel bessere Wahl? Das Beispiel lässt sich natürlich ebenso andersherum spielen: Auch wenn eine sichere und strukturierte Karriere die Mutter, den Vater und die Lebenspartnerin oder den Lebenspartner glücklich macht, vielleicht braucht es den Schritt in die Selbstständigkeit und die Freiheit, damit sich alles rund und wirklich komplett anfühlt? Doch zum Glück gibt es eine Abkürzung! Wir sind nicht der Spielball aneinandergereihter Momente des Scheiterns oder radikaler Umbrüche. Der innere Kompass für

Sie haben eine Lücke im Lebenslauf.

Ja.
War geil.

die eigene Karriere ist erstaunlich präzise. Manchmal braucht es nur kraftvolle Beispiele, um die eigene Selbstwirksamkeit und die Karrierewünsche übereinzubringen. Genau hier kommt die Karriereheldentypologie ins Spiel: Aus welchem Holz bist du geschnitzt? Welche Arbeitsdimension liegt dir? Eine Karriere als Führungskraft oder eine als Angestellte oder Angestellter in einer Fachlaufbahn? Möchtest du vielleicht lieber selbstständig tätig werden, dir deine Zeit frei einteilen oder Privatleben und Beruf in Teilzeit besser miteinander vereinbaren?

2 / Die Entwicklung der Karriereheldentypologie

Wer bin ich? Was kann ich? Wie kann ich zu höchstem Mehrwert beitragen? Mit den richtigen Fragen und kraftvollen Antworten zur richtigen Zeit gewinnen wir die Klarheit darüber, welche individuelle Richtung für unsere Karriere die beste ist. Wichtig finde ich, noch einmal zu betonen, dass es eben die Vielfalt der unterschiedlichen Profile ist, welche die Realität der Karriereheldinnen und Karrierehelden prägt. Zum Beispiel heißt selbstständig und frei sein nicht immer unbedingt, dass wir Startup-Gründerinnen oder Startup-Gründer werden und nach Berlin ziehen müssen. Genauso wenig, wie der Wunsch nach Sicherheit und Vereinbarkeit zwingend eine lebenslange Tätigkeit in der Verbeamtung des öffentlichen Dienstes bedeutet.

Diese beiden Pole – die innovative Startup-Gründerin oder der innovative Startup-Gründer auf der einen Seite und die klassische Beamtin oder der klassische Beamte auf der anderen Seite – machen sich gut in einem brand-eins-Artikel über den Widerspruch zu der Frage, wie die Zukunft der Arbeit aussehen kann. Aber es geht um mehr als das. Die Frage ist: Welche Art der Orientierung werden wir künftig haben, wenn das Gründen von Startups und die Bearbeitung von Gewerbeanmeldungen sich in ein paar Jahren so sehr von dem unterscheiden, was wir heute kennen? Weil entweder alles weitestgehend automatisiert ist oder weil es ganz einfach keine Rolle mehr spielt, ob man eine Beamtenlaufbahn einschlägt oder ein Startup gründet, da sich die eigenen Interessen mit der Zeit verändern und völlig andere werden? Mir ging es bei der Entwicklung der Karriereheldentypologie nicht um die Entwicklung einer neuartigen Jobbörse oder eines Werkzeuges zur Aufhübschung des eigenen Lebenslaufs. Die kompetenzbasierte Methode hinter der Typologie nähert sich den Interessen meiner Teilnehmerinnen und Teilnehmer aus einem anderen Blickwinkel: Was sind die grundlegenden Kompetenzen – und wie können diese in Wirkung gebracht werden?

Die eigene Werkzeugkiste kennen

Da mein erster Lehrberuf Raumausstatter war, also Handwerker, gefällt mir der Ausdruck „die eigene Werkzeugkiste kennen" sehr gut. Wenn es gelingt, die eigenen Fähigkeiten und die Wirkung dieser auf die Mitmenschen, im Speziellen auf Kolleginnen und Kollegen, Vorgesetzte sowie Kundinnen und Kunden, zu erkennen, dann ist sehr viel gewonnen. Dabei ist nicht unbedingt ein besonders stark ausgeprägtes Talent gemeint, sondern eher ein klares Bild von den eigenen Fähigkeiten und das Wissen darum, wie diese am besten eingesetzt werden können.

„Die eigene Werkzeugkiste kennen" heißt, sich mit den eigenen Fähigkeiten und Unfähigkeiten durch vieles Üben und Austesten vertraut zu machen. Dies erfordert eine Stufe mehr als das Erlernen eines Werkzeugs, nämlich auch die kritische Betrachtung des Grades der eigenen Fähigkeiten. Oftmals sind wir uns dessen, was uns selbst leichtfällt, was wir wirklich können, gar nicht (mehr) bewusst. Das Wissen über die eigenen Fähigkeiten gibt also auch immer ein gutes Stück weit die Richtung vor. Haben wir diese Richtung gefunden, steigt auch unsere Motivation. Genauer gesagt, bedingt das Wissen um die eigenen Fähigkeiten überhaupt, dass wir motiviert unser Tagewerk beginnen können.

Wenn wir täglich Motivation aus dem Wissen schöpfen, dass das, was wir tun, unseren eigenen Fähigkeiten entspricht, entsteht etwas von dem, was für Personalentwicklerinnen und Personalentwickler sowie Karrierecoachinnen und -coaches der Heilige Gral ist: intrinsische Motivation. **Nichts motiviert mehr als die Sicherheit und die Bestätigung der eigenen Person.** Dieser Zustand ist in meinen Augen so erhebend, dass hier eine unumstößlich feststehende Beschreibung hermuss: Wer seine Berufsorientierung klar an seinen eigenen Fähigkeiten auszurichten in der Lage ist, der findet seine Karrieresuperkraft. Diese Betrachtungsweise führte schließlich zur Entwicklung der Karriereheldentypologie.

Messwerkzeug Typologie

Aber wie lässt sich so etwas Komplexes wie Kompetenzen einfangen? Welche Methoden und Messwerkzeuge gibt es und was wird unseren Herausforderungen in Zeiten von New Work gerecht? Bei diesen Fragen landete ich schnell bei Karrieretests und verschiedensten Typologien.

Wenn wir unseren eigenen Kompetenzen auf der Spur sind, helfen Muster, Beispiele und Hilfestellungen – etwas, an dem wir uns orientieren können. Unser Gehirn ist geradezu verliebt in die Entwicklung von Mustern und Erklärungsmodellen. Angefangen hat das alles um 460 v. Chr. mit Empedokles „Vier-Elemente-Lehre", die Hippokrates [5] später in seiner „Lehre der vier Säfte" weiterentwickelte. Hier dachte der griechische Arzt neben physischen Zusammenhängen auch über charakterliche Eigenschaften von Menschen nach. Der Sozialwissenschaftler Edgar Schein hingegen legte in den Siebzigern mit dem „Karriereanker" unter anderem den Grundstein für die Organisationsentwicklung. Außerdem war er Vordenker für die flexibilisierte Projektarbeitswelt unserer Zeit. In seinem 1974 erschienenen Arbeitspapier [6] stellte Edgar Schein seine insgesamt fünf Karriereanker vor, die aus intensiven Befragungen und der Auswertung von Interviews mit 44 männlichen Absolventen der Sloan School of Management resultierten. Schein aktualisierte und vertiefte seine Erkenntnisse mehrfach. Bis heute benannte er acht Karriereanker für die Werte und Normen von Arbeit. Was er meiner Meinung nach nicht bedachte und in den Grundlagen des Arbeitspapiers von 1974 noch gar nicht sehen konnte, ist, dass unsere Arbeitsmodelle derart flexibel und aufgefächert worden sind, dass die Aufteilung in Führungslaufbahn und Fachlaufbahn nicht mehr ausreicht. Unsere Karrieren sind heutzutage derart fluide, dass wir im Zweijahresrhythmus Anstellungen, Anstellungsformen und Arbeitgeber wechseln. Wie wir in Kapitel 5 sehen werden, hat dies nach meinen Erkenntnissen durch die Arbeit mit den Teilnehmerinnen und Teilnehmern der Karriereheldentypologie auch mit unseren verschiedenen Lebenssituationen und dem Alter zu tun. Wenn also Kompetenzen und Werte nicht ausreichen, wie ist es mit der Betrachtung der Persönlichkeit?

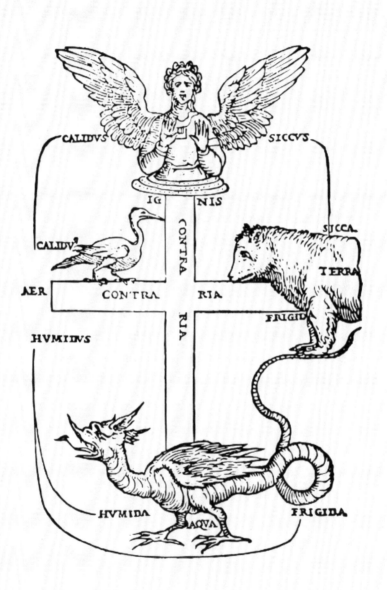

Kompetenzen statt Persönlichkeit

Verschiedene Typologien und Fragebögen befassen sich mit der Betrachtung der Persönlichkeit. Ein Beispiel ist der weitverbreitete „Mayer Briggs Typenindikator" (MBTI). Mein Problem mit der Feststellung von zum Beispiel Attributen wie introvertierten und extrovertierten Persönlichkeiten ist, dass diese der Komplexität des Berufslebens nicht gerecht werden. Als introvertierte Führungskraft beispielsweise wird es Situationen geben, die Ansprachen vor Publikum – vielleicht sogar vor tausenden Besucherinnen und Besuchern einer Konferenz – wichtig und unausweichlich machen. Da nützt es nichts, sich diesen Herausforderungen mit dem Hinweis auf die eigene Schüchternheit als I-Typ laut MBTI zu entziehen. Sich dessen bewusst zu sein, dass man leicht Lampenfieber bekommt und Angst davor hat, vor Menschen zu sprechen, reicht meist schon aus, um Einsichten zu gewinnen. Zum Beispiel die Einsicht, dass man Hilfe für öffentliche Auftritte braucht. Abhilfe kann in diesem Fall eine Coachingstunde bei einer Pitch-Trainerin oder einem Pitch-Trainer schaffen. Die viel wichtigere Blickrichtung in diesem Beispiel zu Persönlichkeitsmerkmalen ist meiner Meinung nach die Frage, ob man eine Führungskraft sein möchte, welche die Verantwortung annimmt und mit dem Druck umgehen kann, auch schwere Entscheidungen zu treffen und im Rampenlicht zu stehen. Hinter dieser Frage stehen nicht nur Persönlichkeitsmerkmale, sondern Kompetenzen. Es ist nicht die Frage danach, wie wir etwas machen, sondern **was wir tun** und **warum wir eine Tätigkeit ausüben möchten.**

Durch die Reflexion über bestimmte grundsätzliche Arten der Tätigkeitsausübung entstanden in der Konzeption der Karriereheldentypologie vier Karriereheldenfamilien: Unternehmerinnen und Unternehmer, Makerinnen und Maker, Kämpferinnen und Kämpfer sowie Helferinnen und Helfer. Diese stehen für vier klar voneinander abgrenzbare Kompetenzbereiche: Bin ich eher daran interessiert, neue Ideen und Projekte zu entwickeln, die wachsen und erfolgreich werden? Oder ist mir Fachlichkeit und Detailtiefe auf dem Weg zu echtem Können und vielleicht sogar der Meisterschaft eines Fachbereichs wichtiger? Mehr zu den vier Karriereheldenfamilien folgt im nächsten Kapitel.

Die Kombination

Im nächsten Schritt galt es, die Komplexität unserer fluiden Karrieren im Zeitalter von New Work abzubilden. So kommen zu den vier Karriereheldenfamilien noch diese vier Arbeitsdimensionen hinzu: Tätigkeiten als Führungskraft, Selbstständigkeit, feste Anstellung und Teilzeit. Es ist möglich, entweder als Führungskraft zu arbeiten, in einer Fachlaufbahn als Angestellte oder Angestellter tätig zu sein oder den Schritt in die Selbstständigkeit zu gehen. Interessant war, dass in der Konzeption und später in der Validierung mit den Teilnehmerinnen und Teilnehmern herauskam, dass Teilzeit eine eigene Arbeitsdimension für sich ist – und kein temporärer Zustand. Hierbei geht es darum, den Einsatz der eigenen Arbeitszeit zu reduzieren und langfristig auf die eigenen Bedürfnisse abzustimmen.

Warum die Trennung in Heldenfamilien und Arbeitsdimensionen? Die Kompetenzen der Heldenfamilien wirken aus sich selbst heraus, während die Arbeitsdimensionen nur in Abhängigkeit zu Beschäftigungsverhältnissen wirken können. Angestellte brauchen einen Arbeitsvertrag, Selbstständige brauchen Kundinnen und Kunden sowie Aufträge. Beide Gruppen haben die Möglichkeit, sich relativ sichere Beschäftigungsverhältnisse aufzubauen. Angestellte können sich unverzichtbar in ihren Abteilungen machen, Selbstständige hingegen können sehr gefragt in ihrer Branche sein. Aber wenn eine Firma pleitegeht, sitzen Angestellte genauso auf der Straße wie Selbstständige ohne Aufträge. Nach einer intensiven Konzeptionsphase, die sich rund um die Unterschiede von Kompetenzen, Werten und Arbeitsdimensionen drehte, kam mir dann schließlich die Erkenntnis für die Kombination von Werten und Normen der Heldenfamlien mit den Arbeitsdimensionen. So entstand die komplette Karriereheldentypologie mit insgesamt 16 verschiedenen Typen.*

---

* Eine Fußnote zu „ein Herz fürs Gendern": Ich habe mich lange mit den beiden Polen „konsequentes Gendern" und „lesbarer Text" auseinandergesetzt – und mich für eine eigene Version entschieden: generisches Maskulinum ja, aber immer mit anschaulichen Beispielen weiblicher Karriereheldinnen. Möge dieses Vorgehen auf dein Wohlwollen stoßen.

3 / Die Karriereheldentypologie

Die vier Karriereheldenfamilien, die vier Arbeitsdimensionen und die daraus entstehenden Karriereheldentypen

Der zentrale Teil der Karriereheldentypologie sind die vier Karriereheldenfamilien. Sie repräsentieren die Werte und archetypischen Grundmuster und geben den Karrierehelden Gestalt. Die folgende Struktur verschiedener Erklärungen liegt diesem Kapitel zugrunde:

Beschreibung: Das zeichnet die Heldenfamilien und Arbeitsdimensionen jeweils aus.

Gestalt: Das steckt hinter den Farben und Formen.

Kryptonit: Die aus den Erzählungen des ersten Comichelden Superman bekannte schwächende Substanz steht für die Kehrseite der Heldenfamilien und Arbeitsdimensionen.

Hashtags: Diese aus sozialen Netzwerken bekannten Metadaten bringen die Eigenschaften der Karrierehelden auf den Punkt.

Affirmationen: Dies sind einige der zu bewertenden Aussagen aus dem Test zur Karriereheldentypologie. Sie unterstreichen die Beschreibungen der vier Heldenfamilien und Arbeitsdimensionen aus der Karriereheldentypologie.

Unternehmertypen

Projekte erdenken, Unternehmungen anpacken und zum Erfolg führen – das ist die Welt der Unternehmertypen. Diese Karrierehelden
haben den richtigen Unternehmergeist, um Projekte oder eigene
Startups auf die Erfolgsspur zu bringen. Bei Unternehmern brodelt
der Ideenvulkan, es werden ständig neue Geschäftsideen entwickelt
und natürlich auch umgesetzt.

Unternehmer-Beschreibung: Bei den Unternehmertypen gibt es Entrepreneure, die große Unternehmen mit eigenen Mitarbeitern leiten, oder auch Solopreneure, die als Einzelunternehmer eigene Projekte realisieren. Für Unternehmer ist die Freiheit, ihre eigenen Ideen zum Erfolg zu führen, das höchste Gut. Wenn es einmal nicht klappt, entwickeln sie einfach neue Geschäftsmodelle, Pitchdecks für weitere Startups und verhandeln neue Projektpakete.

Unternehmer-Gestalt: So sehen sie aus, die Unternehmerhelden. Die Unternehmerheldin hat ihre Hände selbstbewusst in die Hüften gestemmt, stets bereit für ihre Ideen zu kämpfen und damit die Welt zu verändern. Der Unternehmer steht mit stolzgeschwellter Brust da und präsentiert, was er aufgebaut hat. Den Daumen hält er natürlich nach oben: The sky is the limit.

Unternehmer-Hashtags: #eigene-Projekte #Erfolgsorientierung #Ideenvulkan #Serienunternehmer #Unternehmergeist

Unternehmer-Kryptonit: Karrierehelden haben neben ihren Superkräften auch ihre Schwächen, ihr Kryptonit. Bei den Unternehmern ist es so: Sie wollen sich nicht mit Einzelheiten aufhalten, der Erfolg ihrer Projekte ist ihnen wichtiger. Dabei brauchen sie freie Hand und Gestaltungsspielraum. Nichts schreckt Unternehmer mehr ab als lange Abstimmungsrunden, das Verharren im Nichtstun und das Unvermögen, die eigenen Ideen umzusetzen. Wenn ihr Ideenvulkan keine freie Bahn hat, kommt es zu gefährlichen Eruptionen.

Unternehmer-Affirmationen: „Ich bin immer auf der Suche nach neuen Ideen, frischen Inspirationen und tollen Menschen für neue Projekte, die das Potenzial haben, groß zu werden." / „Ich bin mit dem, was ich tue, wirklich glücklich, wenn ich etwas geschaffen habe, was auf meinen Ideen und meiner Initiative beruht."

M Makertypen

Umsetzen, einfach machen und Dinge erschaffen – das ist die Welt der Makertypen. Diese Karrierehelden haben den richtigen Makergeist, um mit ihrem Wissen und Können bahnbrechende Entdeckungen zu machen, die Welt in Code nachzuschreiben und wundervolle Designs zu entwickeln.

Maker-Beschreibung: Ob als Freelancer im Projektgeschäft, als Handwerker an den Werkbänken oder als Ingenieure in riesigen Maschinenparks der großen Mittelständler und Konzerne: Maker beherrschen ihr Aufgabenfeld auf dem Weg zur Meisterschaft. Das ist es auch, was Maker anstreben. Dem eigenen Wissen und Können verpflichtet zu sein, heißt für sie, stetig über sich hinauszuwachsen und die eigenen Ansprüche in Bezug auf Kreativität und Maßarbeit zu übertreffen.

Maker-Gestalt: So sehen sie aus, die Makerhelden. Die Makerin hat ihre Hände selbstbewusst in die Hüften gestemmt, stets bereit, mit Kopf, Händen und Skills die Welt zu verändern. Der Maker steht mit erhobenem Zeigefinger da – ihm ist da gerade eine Idee gekommen, wie sich ein Projekt noch besser umsetzen ließe.

Maker-Hashtags: #fachliche-Anerkennung #Kreativität #Makergeist #Meisterschaft #Spezialisierung

Maker-Kryptonit: Maker wollen autonom in ihren jeweiligen Aufgabenfeldern arbeiten, sich weiterentwickeln und meisterhafte Leistungen erreichen. Dafür brauchen sie freie Hand und den Gestaltungsspielraum von Räumen wie beispielsweise Ateliers, Werkstätten, Labors oder Fertigungshallen. Nichts schreckt Maker mehr ab als lange Abstimmungsrunden und die Einschränkung von Mitteln zur Entwicklung ihrer Projekte.

Maker-Affirmationen: „Die Entwicklung meiner Fähigkeiten, meines Wissens und meines Könnens auf ein möglichst hohes Niveau ist für mich beruflicher Erfolg." / „Mir ist es besonders wichtig, so gut zu sein, in dem, was ich tue, dass mein fachlicher Rat und mein Können immer gefragt sind."

Kämpfertypen

Das Unmögliche möglich machen und auch die harten Herausforderungen annehmen – das ist die Welt der Kämpfertypen. Kämpfer lieben den Wettbewerb und laufen zur Hochform auf, wenn andere bereits aufgeben.

Kämpfer-Beschreibung: Kämpfer setzen sich als Berater in komplexen Projekten durch oder stellen sich großen Herausforderungen als Berufssportler oder Künstler. Kämpfer sind die ultimativen Problemlösungsmaschinen und Endbossbesieger: Keine Aufgabe ist ihnen zu schwer. Kämpfer suchen die Herausforderung und die wirklich harten Nüsse, die es zu knacken gilt. Die Ausdauer und das Durchhaltevermögen der Kämpfer sind herausragend und finden Einsatz in schwierigen Projektumgebungen, im Kampf mit der Unternehmenspolitik oder auch mit den komplexesten Exceltabellen.

Kämpfer-Gestalt: So sehen sie aus, die Kämpferhelden. Der Kämpfer steht energiegeladen in Position, seine Hände fordern zum Kampf auf, um die schwierigsten Projekte zu beginnen. Die Kämpferin reckt ihre Faust in die Luft, ein verschmitztes Lächeln scheint ihren Gegnern zu sagen: „Versucht es doch!" Die Posen der Kämpferhelden stehen für die ungebremste Energie, die sich entlädt, wenn die Kämpfer zur Tat schreiten.

Kämpfer-Hashtags: #Ausdauer #Endboss-besiegen #Gewinnermentalität #Problemlösungskompetenz #ultimative-Herausforderung

Kämpfer-Kryptonit: Was schwächt die Kämpfer? Das zeigt sich interessanterweise, wenn ihnen langweilig wird und keine neuen Herausforderungen locken. Dann fühlen sich Kämpfer oft fehl am Platz oder gar überflüssig. Schlecht ist auch, wenn der Wettkampf oder die Problemlösung von anderen Teammitgliedern im Projekt oder auch von Freunden und Familie nicht ernst genommen wird.

Kämpfer-Affirmationen: „Mir ist es wichtig, mich Situationen und Problemen zu stellen, die echte Herausforderungen bedeuten, und mit diesen zu arbeiten." / „Das Meistern von Herausforderungen, die anderen unlösbar erscheinen, ist für mich beruflicher Erfolg."

Helfertypen

Durch ihren Einsatz werden Menschenleben gerettet, wird Sinn gestiftet und ein Stück weit die Welt verändert – das ist die Welt der Helfertypen. Helfer streben nach Höherem und glauben an echte Veränderung.

Helfer-Beschreibung: Weltfrieden, Heilung, globale Veränderung – das sind Werte, für die sich Helfer engagieren wollen. Dabei ist es egal, ob Helfer große Organisationen unterstützen, die weltweit operieren, oder im Kleinen für ihre Kollegen oder ihren Aufgabenbereich Veränderung bewirken. Der Antrieb zu helfen ist überall gleich stark. Die Karrierehelden dieser Kategorie gründen gemeinnützige Organisationen, sind Aktivisten oder arbeiten angestellt für den guten Zweck. Helfer sein heißt, einer Sache zu dienen und sich einem Ideal hinzugeben. Den Einfluss und die Kraft zur Veränderung bewerten Helfertypen höher als die Bedürfnisse der eigenen Person.

Helfer-Gestalt: So sehen sie aus, die Helferhelden. Die Helferin öffnet großzügig ihre Arme und lädt jeden Menschen dazu ein, zu ihr zu kommen, um gemeinsam Veränderung zu bewirken. Auch der Helferheld hat seine Hand geöffnet und ist bereit, Großes zu bewirken. Vielleicht nimmt er sich dabei manchmal auch Dinge vor, die etwas zu herausfordernd für ihn sind, die Helferstiefel scheinen ihm jedenfalls noch ein wenig groß zu sein.

Helfer-Hashtags: #Einfluss #Purpose #Veränderung #Wandel #Werte

Helfer-Kryptonit: Was schwächt die Helfer? Das hier: Helfer stört es, wenn sie nicht genügend Einfluss haben, um echte Veränderung bewirken zu können. Dazu kommt, dass sie mangelnde Anerkennung ihrer Unterstützungsleistung enorm schwächt. Stagnation des Status quo steht dem Drang nach Wandel im Weg.

Helfer-Affirmationen: „Ich wünsche mir eine Tätigkeit, bei der ich einen wirklichen Beitrag für die Menschheit, die Welt leisten kann." / „Ich habe nur dann Erfolg, wenn ich durch mein Wirken etwas in der Gesellschaft, der Menschheit, der Welt verändern kann."

Die vier Arbeitsdimensionen

Die vier Karriereheldenfamilien sind die Grundlage für die Karriereheldentypologie und geben eine klare Richtung vor. Doch erst die Frage danach, wie die Helden der neuen Arbeitswelt auch wirklich arbeiten wollen, macht die Betrachtung komplett. Die vier Arbeitsdimensionen sind letztlich entweder von Arbeitsverträgen mit Arbeitnehmern oder von Aufträgen durch Kunden abhängig. Auch die kreativsten selbst geschaffenen Berufe brauchen irgendeine Form des Energieausgleichs durch Geld für geleistete Arbeit. Eine Internetaktivistin zum Beispiel, die Kampagnen in Form von Onlinepetitionen entwickelt, könnte sich ihren Lebensunterhalt mithilfe ihrer Unterstützer beispielsweise durch ein Crowdfunding für den Erhalt ihrer Arbeit verdienen. Ein Gamer hingegen, der seine Fähigkeiten, Tipps und Tricks mit einem Millionenpublikum auf Youtube teilt, lebt von den Werbeeinnahmen der Plattform durch regelmäßige Auszahlungen. Egal, wie: Am Ende steht immer eine Person mit einer Steuernummer, die ihr Einkommen versteuert. Nur die Art der Tätigkeitsausübungen unterscheidet sich.

Tätigkeiten in Führung

Eine Führungskraft hat die Aufgabe, Menschen zu leiten, zu coachen und sie dadurch in ihrer Entwicklung zu fördern. In der Kombination mit dem Unternehmertyp ist dies zum Beispiel eine recht klassische Rolle: eine Gründerin, die als Geschäftsführerin und Inhaberin die Geschicke ihrer Firma lenkt und ihre Mitarbeiter führt. Dies gilt genauso für einen Maker, der beispielsweise bei einem großen Maschinenbauunternehmen einem Team aus Mitarbeitern vorsteht.

Das Icon für die Arbeitsdimension „Tätigkeiten in Führung" zeigt eine Krone, um die Position einer Führungskraft klar zu kennzeichnen. Das bedeutet nicht, dass jede Geschäftsführerin und jeder Abteilungsleiter darauf besteht, wirklich eine Krone zu tragen. Die Zeichen beziehungsweise „Kronen" der Führungsriege sind subtiler: die schwarze Bahncard 100 der 1. Klasse, exklusive Einladungen zu bestimmten gesellschaftlichen Kreisen oder die finanzielle Freiheit, um Landflucht begehen und die Freizeit in einem umgebauten Hof abseits des Großstadtlärms mit Freunden und Familie genießen zu können. Vor allem aber wollen Führungskräfte ihre Führungskompetenz auch ihren Vorstellungen nach bestmöglich einsetzen und Einfluss nehmen, indem sie Teams helfen, ihre Höchstform zu finden, Konflikte zu lösen und die richtigen Entscheidungen zu treffen.

Führungs-Hashtags: #Einflussnahme #Entscheidungsfindung #Führungskompetenz #Integrität #Resilienz

Führungs-Kryptonit: Führungskräfte brauchen die Kraft, ihre Integrität zu ihren Mitarbeitern und die Loyalität zu ihren eigenen Vorgesetzten oder ihren Investoren und Partnern auszufüllen. Wird diese verletzt oder zu hart auf die Probe gestellt, schwindet sie. Oft sind es aber schwere und eher unpopuläre Entscheidungen, die Führungskräften den Schlaf rauben. Das Hadern über das eigene Urteilsvermögen kann ebenso schwächend wirken wie Unsicherheiten über die Selbstwirksamkeit der eigenen Person und mangelnder Rückhalt durch das Team von Führungskräften.

Führungs-Affirmationen: „Ich bin mit dem, was ich tue, wirklich glücklich, wenn ich durch meine Entscheidungen und Erfahrung andere dahin führen kann, erfolgreich zu sein." / „Ich träume davon, Führungskraft eines/meines Unternehmens zu sein und möglichst viel Verantwortung und Entscheidungskraft zu besitzen."

Selbstständige Tätigkeiten

Wer selbstständig arbeitet, will die Freiheit haben, eigene Entscheidungen treffen zu können. Selbstständige Maker, also Freelancer, gehen zum Beispiel von Projekt zu Projekt, von Auftraggeber zu Auftraggeber. Es ist die selbstbestimmte Arbeitsweise, die Menschen an der selbstständigen Tätigkeit so verlockend finden, sodass sie bereit sind, dafür Einschnitte in den Bereichen Sicherheit und Planbarkeit in Kauf zu nehmen. Frei sein wie ein Vogel ist hier das Bild. Somit ist die Feder auch das Icon für selbstständige Tätigkeiten.

Selbstständigkeits-Hashtags: #Ausdauer #Durchsetzungsvermögen #Freiheitsliebe #Selbstmanagement #Projektarbeit

Selbstständigkeits-Kryptonit: Frei sein im Sinne von freier Zeiteinteilung und freier Projektwahl ist mit das höchste Gut für Selbstständige. Alles, was dieses durch Akquise, Ausdauer und so manche zeitliche Entbehrung aufgebaute Recht gefährdet, wirkt schwächend und wird nicht akzeptiert. Ständige Kontrolle und einengende Hierarchien sind für Selbstständige nur auf Zeit und gegen gute Bezahlung erträglich. Zu sehr können diese als Nachteile empfundenen Rahmenbedingungen die selbstständigen Karrierehelden an die Gründe erinnern, warum sie sich selbstständig gemacht haben.

Selbstständigkeits-Affirmationen: „Ich bin mit dem, was ich tue, wirklich glücklich, wenn ich unabhängig von Terminkalendern, Weisungen und Arbeitsweisen anderer bin." / „Für mich ist die freie Arbeit nach den Vorstellungen und dem Rhythmus, die mir guttun, wichtiger, als eine sichere Position in einem Unternehmen."

Tätigkeiten in Festanstellung

Wer eine Festanstellung sucht, braucht die Sicherheit eines regelmäßigen Einkommens. Aber es geht nicht nur um Sicherheit, sondern auch um klare und strukturierte Arbeitsformen sowie die Möglichkeit, bei großen Projekten mitzuarbeiten – wie im Flugzeugbau oder für bestimmte Ziele bei NGOs. Es gibt keine freiberuflichen Flugzeugbauer – und gerade Ingenieure, die es lieben, in großen Werkshallen an millionenschweren Maschinen zu arbeiten, suchen eine Tätigkeit in Festanstellung. Festangestellte brauchen eine berufliche Heimat, einen Ort, wo sie ankommen und ihre Fahne hissen können.

Festanstellungs-Hashtags: #Absicherung #Kontinuität #Teamfähigkeit #Strukturliebe #Vorhersehbarkeit

Festanstellungs-Kryptonit: Der Wunsch nach Absicherung und Vorhersehbarkeit von Arbeitsabläufen ist bei festangestellten Karrierehelden stark ausgeprägt. Dabei geht es um das Wissen, dass die eigenen Fähigkeiten gebraucht werden und dass der Arbeitsplatz auch morgen noch da sein wird. Projektumgebungen, die besonders fluide und unvorhersehbar sind, schwächen Festangestellte zu sehr, als dass sie ihre Karrieresuperkräfte entfalten können. Mit Risiko behaftete Entscheidungen, die ihre eigene Position im Unternehmen gefährden könnten, werden Festangestellte selten bis gar nicht treffen.

Festanstellungs-Affirmationen: „Ich brauche finanzielle und berufliche Absicherung, um mich persönlich und beruflich weiterzuentwickeln." / „Eine Tätigkeit, die meine berufliche Sicherheit im Unternehmen gefährdet, mache ich nicht."

Tätigkeiten in Teilzeit

Wer sich für eine Tätigkeit in Teilzeit entscheidet, möchte sich neben dem Geldverdienen auch noch auf andere Tätigkeiten konzentrieren. Sei es aufgrund der familiären Situation, weil Vater oder Mutter mehr Zeit mit ihrem Nachwuchs verbringen möchten oder vielleicht, weil es ein krankes Familienmitglied zu pflegen gibt – die Gründe sind unterschiedlich. Teilzeit bedeutet, mehr Zeit für andere Dinge neben der Arbeit zu haben, aber auch, dass einem die möglichen finanziellen Einschnitte nicht so wichtig sind.

Teilzeit-Hashtags: #Effizienz #Flexibilität #Privatleben #Vereinbarkeit #Zeitmanagement

Teilzeit-Kryptonit: Karrierehelden, die in Teilzeit arbeiten, wollen nicht leben, um zu arbeiten, sondern arbeiten und ganz viel leben. Alles, was dieses selbst gewählte Recht einschränkt, schwächt die Teilzeithelden. Da Teilzeit sehr viel mit Koordinationstalent und Zeitmanagement zu tun hat, gibt es exklusiv in dieser Arbeitsdimension ein Kryptonit, das quasi ständig mitschwingt: die permanente Erinnerung daran, dass andere Kollegen und vor allem Vorgesetzte gerne mehr Zeit von einem hätten. Die Uhr von in Teilzeit arbeitenden Menschen tickt ständig.

Teilzeit-Affirmationenen: „Beruflicher Erfolg ist für mich die Entwicklung meiner persönlichen Bedürfnisse im Einklang mit Beruf und Privatsphäre/Familie." / „Ich suche immer nach Tätigkeiten, die mich in meinem privaten Leben und in meinen Interessen so wenig wie möglich einschränken."

Vier mal vier macht sechzehn

Das waren die vier Arbeitsdimensionen. Der nächste Schritt ist im Grunde einfach: Alle vier Karriereheldentypen können in allen Arbeitsdimensionen tätig sein. Ein Unternehmer, der eine Führungsposition anstrebt, ist ein Startup-Founder. Braucht eine Unternehmerin aber mehr Freiheit und will lieber für sich gründen, kommt die Solopreneurin dabei heraus. Es gibt ebenfalls die Gründertypen, die in Teilzeit als Sidepreneure ein Geschäft aufbauen. Zu guter Letzt gibt es auch die Intrapreneure, welche die Sicherheit einer Festanstellung brauchen und innerhalb von Unternehmen eigene Projekte aufbauen.

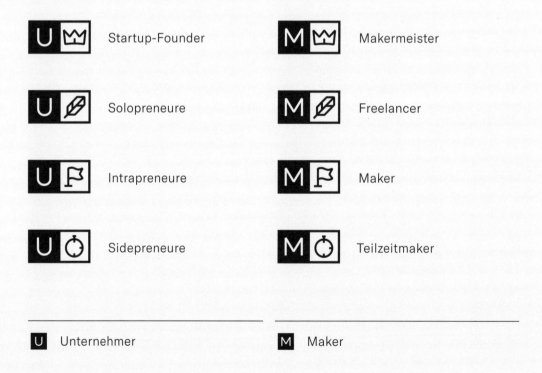

Startup-Founder	Makermeister
Solopreneure	Freelancer
Intrapreneure	Maker
Sidepreneure	Teilzeitmaker

U Unternehmer   M Maker

Fightercoaches

 Socialpreneure

 Freie Berater

 Aktivisten

 Auftragskämpfer

 Helferkollegen

 Aussteiger

 Teilzeithelfer

 Kämpfer

 Helfer

Startup-Founder

 Unternehmer   Tätigkeiten in Führung

Startup-Founder streben danach, ihre eigenen Unternehmen zu gründen. Dabei geht es diesen Unternehmertypen sowohl um den Aufbau eigener Startups, als auch um den größtmöglichen Erfolg und das Wachstum ihrer Teams, ihrer Mitarbeiter.

Startup-Founder-Hashtags: #Erfolgsorientierung #Führungskompetenz #Ideenvulkan #Integrität #Resilienz #Unternehmergeist

Startup-Founder-Kryptonit: Startup-Founder wollen sich nicht auf einzelne Tätigkeiten beschränken, der Erfolg ihrer Unternehmen ist ihnen wichtiger. Sie kämpfen mit dem Schmerz schwieriger Entscheidungen, mit Ungewissheit, mit zwischenmenschlichen Konflikten und hoher Verantwortung.

Startup-Founder-Affirmationen: „Ich träume davon, Führungskraft eines/meines Unternehmens zu sein und möglichst viel Verantwortung und Entscheidungskraft zu haben." / „Für mich ist die Arbeit an meinen eigenen Projekten und an meinem eigenen Unternehmen wichtiger als alles andere."

Solopreneure

 Unternehmer   Selbstständige Tätigkeiten

Solopreneure starten eigene Geschäftsideen ohne großen Überbau und Kostenapparat – wie zum Beispiel mit Gesellschafterverträgen in einer GmbH. Solopreneure sind sozusagen „Lonely Wolves" und allein ihrer unternehmerischen Kreativität verpflichtet.

Solopreneur-Hashtags: #Ausdauer #eigene-Projekte #Freiheitsliebe #Ideenvulkan #Selbstmanagement #Unternehmergeist

Solopreneur-Kryptonit: Eine Festanstellung kommt für Solopreneure nicht infrage und wird schmerzhaft als goldener Käfig wahrgenommen. Leistungsbezug ist der Maßstab der Dinge, aber die aktuellen Projekte müssen dabei möglichst erfolgreich sein – sonst gründen Solopreneure einfach die nächsten.

Solopreneur-Affirmationen: „Ich bin immer auf der Suche nach neuen Ideen, frischen Inspirationen und tollen Menschen für neue Projekte, die das Potenzial haben, groß zu werden." / „Dabei möchte ich meinen eigenen Weg gehen, frei und in jedem Fall unabhängig sein."

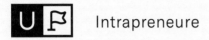 Intrapreneure

| U | Unternehmer | F | Tätigkeiten in Festanstellung |

Intrapreneure sind Unternehmer in Unternehmen. Ihre starke unternehmerische Kreativität zeichnet sie aus. Intrapreneure suchen die Absicherung der Festanstellung.

Intrapreneur-Hashtags: #Erfolgsorientierung #Ideenvulkan #Strukturliebe #Teamfähigkeit #Unternehmergeist #Vorhersehbarkeit

Intrapreneur-Kryptonit: Intrapreneure wollen eigene Projekte in Unternehmen initiieren und zum Erfolg führen. Leistungsbezug ist ihnen wichtiger als die Spezialisierung auf einzelne Tätigkeiten. Hinzu kommt, dass allzu unsichere Arbeitsbedingungen nicht gewünscht sind.

Intrapreneur-Affirmationen: „Ich bin mit dem, was ich tue, wirklich glücklich, wenn ich etwas geschaffen habe, das auf meinen Ideen und meiner Initiative beruht." / „Ich brauche finanzielle und berufliche Absicherung, um mich persönlich und beruflich weiterzuentwickeln."

Sidepreneure

 Unternehmer   Tätigkeiten in Teilzeit

Sidepreneure streben danach, eigene Projekte oder Unternehmen zu gründen. Doch dabei möchten sie die Zeit mit der Familie und ihr Privatleben nicht den beruflichen Unternehmungen opfern. Eine Balance zwischen Arbeit und Privatleben ist den Sidepreneuren also sehr wichtig.

Sidepreneur-Hashtags: #Effizienz #eigene-Projekte #Flexibilität #Ideenvulkan #Unternehmergeist #Vereinbarkeit

Sidepreneur-Kryptonit: Sidepreneure wollen sich nicht auf zu kleinteilige Tätigkeiten beschränken, die Erfolge der eigenen Projekte sind ihnen wichtiger. Sidepreneure kämpfen mit der ständigen Organisation von Terminen. Sie wollen leben und arbeiten, und nicht leben, um zu arbeiten. Die mangelnde Vereinbarkeit von Privatleben und Job ist nicht akzeptabel für Sidepreneure.

Sidepreneur-Affirmationen: „Ich bin immer auf der Suche nach neuen Ideen, frischen Inspirationen und tollen Menschen für neue Projekte, die das Potenzial haben, groß zu werden." / „Beruflicher Erfolg ist für mich die Entwicklung meiner persönlichen Bedürfnisse im Einklang mit Beruf und Privatsphäre/Familie."

Makermeister

 Maker   Tätigkeiten in Führung

Makermeister sind im Wirkungskreis von Unternehmen unterwegs und suchen große Maschinenparks, leistungsstarke Serverfarmen, die perfekten Werkstätten oder perfekte Labore. Dabei wollen Makermeister eigene Abteilungen aufbauen und Mitarbeiter führen – das ist ihre Welt.

Makermeister-Hashtags: #Einflussnahme #Entscheidungsfindung #fachliche-Anerkennung #Führungskompetenz #Meisterschaft #Spezialisierung

Makermeister-Kryptonit: Makermeister wollen autonom in ihrem Aufgabenfeld arbeiten und sich und die Werkstücke, Projekte und Ideen, an denen sie arbeiten, weiterentwickeln. Sie kämpfen mit dem Schmerz schwieriger Entscheidungen, mit Ungewissheit, mit zwischenmenschlichen Konflikten und hoher Verantwortung. Die Einschränkung von Mitteln zur Entwicklung und der Verlust von Einfluss und Stellung ist für diesen Karriereheldentyp fatal.

Makermeister-Affirmationen: „Mir ist es besonders wichtig, so gut zu sein, in dem was ich tue, dass mein fachlicher Rat und mein Können immer gefragt sind." / „Ich brauche finanzielle und berufliche Absicherung, um mich persönlich und beruflich weiterzuentwickeln."

 Freelancer

 Maker   Selbstständige Tätigkeiten

Freelancer arbeiten auf eigene Rechnung und halten sich nur auf Zeit beziehungsweise für Projekte in einem Unternehmen auf. Als Einzelgänger arbeiten Freelancer auch gerne mit Coworkern in temporären Teams für diverse Auftraggeber. Die Hauptsache ist, dass sie dabei frei und selbstbestimmt bleiben.

Freelancer-Hashtags: #Durchsetzungsvermögen #Freiheitsliebe #Kreativität #Makergeist #Meisterschaft #Projektarbeit

Freelancer-Kryptonit: Autonom zu arbeiten ist für Freelancer das Wichtigste. Sie wollen nicht führen, sondern entwickeln. Eine Festanstellung nehmen Freelancer schmerzhaft als goldenen Käfig wahr. Es geht ihnen darum, wie gut sie sind, in dem, was sie tun, und wie weit sie sich entlang ihrer Fähigkeiten entwickeln können.

Freelancer-Affirmationen: „Die Entwicklung meiner Fähigkeiten, meines Wissens und meines Könnens auf ein möglichst hohes Niveau ist für mich beruflicher Erfolg." / „Für mich ist die freie Arbeit nach den Vorstellungen und in dem Rhythmus, die mir guttun, wichtiger als eine sichere Position in einem Unternehmen."

 Maker

---

M Maker   ꟼ Tätigkeiten in Festanstellung

Maker sind im Wirkungskreis von Unternehmen unterwegs. Sie suchen große Maschinenparks, leistungsstarke Serverfarmen, die perfekten Werkstätten oder perfekte Labore. Fachliche Höchstleistungen sind Makern besonders wichtig.

Maker-Hashtags: #Absicherung #fachliche-Anerkennung #Kontinuität #Meisterschaft #Strukturliebe #Vorhersehbarkeit

Maker-Kryptonit: Maker wollen autonom in ihrem Aufgabenfeld arbeiten und sich und die Werkstücke, Projekte und Ideen, an denen sie arbeiten, weiterentwickeln. Sie wollen eher keine Mitarbeiter führen. Wechselnde Arbeitsumgebungen, unsichere Arbeitsbedingungen und die Einschränkung von Mitteln zur Entwicklung sind Gift für Maker.

Maker-Affirmationen: „Mir ist es besonders wichtig, so gut zu sein, in dem, was ich tue, dass mein fachlicher Rat und mein Können immer gefragt sind." / „Ich brauche finanzielle und berufliche Absicherung, um mich persönlich und beruflich weiterzuentwickeln."

 Teilzeitmaker

| M | Maker | ⏱ | Tätigkeiten in Teilzeit |

Teilzeitmaker sind im Wirkungskreis von Unternehmen unterwegs. Sie suchen große Maschinenparks, leistungsstarke Serverfarmen, die perfekten Werkstätten oder perfekte Labore. Kurzum: Arbeitsumgebungen, in denen sie ihre Fähigkeiten entfalten können. Fachliche Höchstleistungen sind ihnen besonders wichtig.

Teilzeitmaker-Hashtags: #Effizienz #Kreativität #Makergeist #Privatleben #Spezialisierung #Zeitmanagement

Teilzeitmaker-Kryptonit: Teilzeitmaker wollen autonom in ihrem Aufgabenfeld arbeiten. Die Einschränkung von Mitteln zur Entwicklung ist für sie fatal. Sie wollen leben und arbeiten, und nicht leben, um zu arbeiten. Die mangelnde Vereinbarkeit von Privatleben und Job ist für Teilzeitmaker nicht akzeptabel.

Teilzeitmaker-Affirmationen: „Eine Tätigkeit, die sich nur um Status, Ansehen oder Umsatz dreht, statt darum, was produziert und entwickelt wird, ist für mich nicht attraktiv." / „Ich träume davon, mein Hobby zum Beruf zu machen und dass meine persönlichen Bedürfnisse / meine Familie nicht unter Arbeitszeiten und beruflichen Pflichten leiden."

Fightercoaches

 Kämpfer   Tätigkeiten in Führung

Fightercoaches suchen Wettbewerb, Herausforderungen und die wirklich harten Nüsse, die es zu knacken gilt. Dabei wollen sie eigene Abteilungen aufbauen, Mitarbeiter führen und Karriere machen.

Fightercoach-Hashtags: #Ausdauer #Einflussnahme #Endboss-besiegen #Führungskompetenz #Gewinnermentalität #Resilienz

Fightercoach-Kryptonit: Schlecht ist, wenn es langweilig wird und keine neuen Herausforderungen locken. Schlecht ist auch, wenn Wettkampf und Problemlösung nicht ernst genommen werden. Fightercoaches kämpfen mit dem Schmerz schwieriger Entscheidungen, mit Ungewissheit, mit zwischenmenschlichen Konflikten und hoher Verantwortung.

Fightercoach-Affirmationen: „Ich möchte aufgrund meines Mutes und meiner Kompetenz gefragt sein, mich schwierigen Situationen stellen zu können, nicht aufgrund von Status oder Titel." / „Für mich ist die Arbeit in einer Schlüsselposition / als Leiter eines Unternehmens wichtiger als die Konzentration auf einzelne Projekte."

Freie Berater

 Kämpfer   Selbstständige Tätigkeiten

Freie Berater nehmen die Herausforderung an, auch besonders schwierige Problemfelder zu lösen. Dabei möchten sie frei und in immer neuen Umgebungen mit neuen Herausforderungen arbeiten.

Freie-Berater-Hashtags: #Ausdauer #Durchsetzungsvermögen #Projektarbeit #Problemlösungskompetenz #Selbstmanagement #ultimative-Herausforderung

Freie-Berater-Kryptonit: Schlecht ist, wenn es langweilig wird und keine neuen Herausforderungen locken. Schlecht ist auch, wenn Wettkampf und Problemlösung nicht ernst genommen werden. Die Festanstellung ist für freie Berater ein goldener Käfig, sie wollen mehr sehen als immer nur dieselben Wände.

Freie-Berater-Affirmationen: „Das Meistern von Herausforderungen, die anderen als unlösbar erscheinen, ist für mich beruflicher Erfolg." / „Ich möchte frei sein, mir meine Arbeitszeit selbst einteilen und selbst entscheiden, von wo aus ich arbeite."

Auftragskämpfer

K Kämpfer   Tätigkeiten in Festanstellung

Auftragskämpfer suchen Wettbewerb, Herausforderungen und die wirklich harten Nüsse, die es zu knacken gilt. Aber dabei suchen sie die Absicherung in einer festen Position – aufgrund privater/familiärer Situationen und/oder weil sie sich langfristig in einer Position entwickeln wollen.

Auftragskämpfer-Hashtags: #Endboss-besiegen #Kontinuität #Strukturliebe #Problemlösungskompetenz #Teamfähigkeit #ultimative-Herausforderung

Auftragskämpfer-Kryptonit: Schlecht ist, wenn es langweilig wird und keine neuen Herausforderungen locken. Schlecht ist auch, wenn Wettkampf und Problemlösung nicht ernst genommen werden. Auftragskämpfer möchten keine ständig wechselnden Arbeitsumgebungen und unsichere Arbeitsbedingungen haben.

Auftragskämpfer-Affirmationen: „Ich möchte aufgrund meines Mutes und meiner Kompetenz gefragt sein, mich schwierigen Situationen stellen zu können, nicht aufgrund von Status oder Titeln." / „Ich brauche finanzielle und berufliche Absicherung, um mich persönlich und beruflich weiterzuentwickeln."

Aussteiger

 Kämpfer   Tätigkeiten in Teilzeit

Aussteiger suchen Herausforderungen, die jenseits des 9-to-5-Büro-jobs liegen, wie beispielsweise Abenteuer in anderen Ländern oder komplett andere Tätigkeitsfelder. Sie suchen dafür die perfekte Kombination aus Hobby und Beruf.

Aussteiger-Hashtags: #Ausdauer #Effizienz #Endboss-besiegen #Flexibilität #Privatleben #ultimative-Herausforderung

Aussteiger-Kryptonit: Aussteigern geht es nicht um rein monetäre Entlohnung. Sie wollen sich und ihr Leben verändern. Schlecht ist die mangelnde Anerkennung des Ausstiegs durch ihr Umfeld. Sie wollen Leben und ein wenig arbeiten, und nicht leben, um zu arbeiten.

Aussteiger-Affirmationen: „Mir ist es wichtig, mich Situationen und Problemen zu stellen, die echte Herausforderungen für mich sind, und mit diesen zu arbeiten." / „Eine Tätigkeit, die meine Möglichkeiten einschränkt, mich um meine persönlichen Bedürfnisse / meine Familie zu kümmern, mache ich nicht."

Socialpreneure

 Helfer   Tätigkeiten in Führung

Socialpreneure streben nach Höherem und glauben an echte Veränderung. Weltfrieden, Heilung und globale Verbesserungen, das sind Werte, für die sich Socialpreneure engagieren wollen. Dabei möchten sie ganz vorne mit dabei sein und ihr Talent in der Mitarbeiterführung einbringen. Der Aufbau von eigenen Abteilungen oder eigenen Organisationen, die diesen Werten folgen – das ist die Welt der Socialpreneure.

Socialpreneure-Hashtags: #Einfluss #Einflussnahme #Entscheidungsfindung #Integrität #Purpose #Veränderung

Socialpreneure-Kryptonit: Socialpreneure stört es, wenn sie nicht genügend Einfluss haben, um Veränderung bewirken zu können. Mangelnde Anerkennung ihrer Unterstützungsleistung schwächt sie. Socialpreneure wollen sich nicht auf einzelne Tätigkeiten beschränken, der Erfolg ihrer Bereiche, ihrer Organisationen ist ihnen wichtiger. Sie kämpfen mit dem Schmerz schwieriger Entscheidungen, mit Ungewissheit, mit zwischenmenschlichen Konflikten und hoher Verantwortung.

Socialpreneure-Affirmationen: „Ich wünsche mir einen Beruf, bei dem ich einen wirklichen Beitrag für die Menschheit, die Welt leisten kann." / „Ich bin mit dem, was ich tue, wirklich glücklich, wenn ich durch meine Entscheidungen und Erfahrung andere dahin führen kann, erfolgreich zu sein."

Aktivisten

 Helfer   Selbstständige Tätigkeiten

Aktivisten streben nach Höherem und glauben an echte Veränderung. Weltfrieden, Heilung und globale Verbesserungen – das sind Werte, für die sich Aktivisten engagieren wollen. Dafür starten sie eigene Projekte und möchten Motivation und Kraft frei und selbstbestimmt einsetzen.

Aktivisten-Hashtags: #Durchsetzungsvermögen #Freiheitsliebe #Projektarbeit #Purpose #Veränderung #Wandel

Aktivisten-Kryptonit: Leistungsbezug ist für Aktivisten wichtig, aber sie wollen für eine Sache arbeiten, die das Potenzial hat, global und nachhaltig echte Veränderung zu bewirken. Aktivisten stört es, wenn sie nicht genügend Einfluss haben und ihr Einsatz nicht wahrgenommen wird.

Aktivisten-Affirmationen: „Ich bin immer auf der Suche nach neuen Ideen, frischen Inspirationen und tollen Menschen für neue Projekte, die das Potenzial haben, groß zu werden." / „Dabei möchte ich meinen eigenen Weg gehen, frei und in jedem Fall unabhängig sein."

 Helferkollegen

 Helfer    Tätigkeiten in Festanstellung

Für Helferkollegen sind sichere und beständige Tätigkeiten dann ideal, wenn sie für eine gute Sache arbeiten können, gebraucht werden und ein Stück weit Weltfrieden und globale Veränderung anstoßen können. Helferkollegen sind die guten Seelen in Unternehmen, aber sie möchten auch richtig mit anpacken und etwas erreichen können.

Helferkollegen-Hashtags: #Absicherung #Einfluss #Teamfähigkeit #Vorhersehbarkeit #Wandel #Werte

Helferkollegen-Kryptonit: Helferkollegen stört es, wenn sie nicht genügend Einfluss haben, um Veränderung bewirken zu können. Die mangelnde Anerkennung ihrer Unterstützungsleistung schwächt sie. Wechselnde Arbeitsumgebungen, unsichere Arbeitsbedingungen und ungeregelte Abläufe sind Gift für die Helferkollegen.

Helferkollegen-Affirmationen: „Ich wünsche mir einen Beruf, bei dem ich einen wirklichen Beitrag für die Menschheit, die Welt leisten kann." / „Ich brauche finanzielle und berufliche Absicherung, um mich persönlich und beruflich weiterzuentwickeln."

 Teilzeithelfer

H	Helfer	**○**	Tätigkeiten in Teilzeit

Teilzeithelfer sind dem Dienst am Menschen oder einer guten Sache verpflichtet, allerdings in Vereinbarkeit mit dem Privatleben / der Familie. Sie wollen ein Stück weit Weltfrieden und globale Veränderung anstoßen und den Menschen helfen.

Teilzeithelfer-Hashtags: #Flexibilität #Privatleben #Veränderung #Vereinbarkeit #Wandel #Werte

Teilzeithelfer-Kryptonit: Teilzeithelfer stört es, wenn sie nicht genügend Einfluss haben, um Veränderung bewirken zu können. Die mangelnde Anerkennung ihrer Unterstützungsleistung schwächt sie. Mangelnde Vereinbarkeit von Privatleben und Job ist für Teilzeithelfer nicht akzeptabel.

Teilzeithelfer-Affirmationen: „Der Einsatz meines Wirkens für die Verbesserung Einzelner oder für die Gesellschaft ist mir wichtiger als Titel und Geld." / „Ich träume davon, mein Hobby zum Beruf zu machen und dass meine persönlichen Bedürfnisse / meine Familie nicht unter beruflichen Pflichten leiden."

4 / Coaching mit der Karriereheldentypologie

Das Herausstellen der kompetenzbasierten Sicht meines Coachingansatzes ist mir besonders wichtig. Meiner Erfahrung nach sind die größten Probleme meiner Teilnehmer die Punkte Selbstwirksamkeit und Selbstvertrauen.

„Wer erlaubt mir, das zu tun, was ich in meinem beruflichen Leben wirklich tun will?"
Von außen betrachtet, wirkt diese Frage zu einfach, als dass wirklich ein Problem bestehen könnte. Doch das Hadern und die Zweifel, die mit dieser Frage einhergehen, stellen im beruflichen Leben meiner Teilnehmer die größten Hürden dar.

Kompetenzfilter

Wie bereits in Kapitel 2 zur Entwicklung der Karriereheldentypologie beschrieben, geht es für mich bei meinen Coachingformaten nicht so sehr um Persönlichkeitsmerkmale wie zum Beispiel Introvertiertheit oder Extrovertiertheit. Diese Sichtweise auf berufliche Erfolge zu übertragen, wird dem Berufsalltag einfach nicht gerecht. Es geht dabei nicht nur um die Angst der Introvertierten – auch Extrovertierte stellen sich Herausforderungen wie zum Beispiel der, sich als fordernde und energetische Führungskräfte den Teammitgliedern gegenüberzustellen. Persönlichkeit ist wie ein Brennglas für Kompetenzen: Je klarer und fokussierter eine persönliche Eigenart ist, desto präziser können die eigenen Interessen erkannt werden und sich entwickeln. In der persönlichen Arbeit mit meinen Coachees sind es die Verortung der eigenen Kompetenzen, das Bild der Stärkung ihrer Stärken und das positive Feedback seitens der Gruppe, die eine optimale Wirkung erzielen. Die Idee der Karriereheldentypologie ist es, eine Auseinandersetzung mit Kompetenzen vorzunehmen, die grundsätzlich erst einmal universell im Berufsleben einsetzbar sind.

Nehmen wir zum Beispiel eine Makerin, die als Designerin tätig ist. Sie könnte genauso in einer Agentur für Produktdesign, als Freelance-Fotografin im Bereich Fashion oder als Typografin arbeiten. Die Qualität ihrer Arbeit ist das Entwickeln, das

Produzieren und die Liebe zum Detail. Ist die Makerin eher am Anfang ihres Berufslebens, wäre ihr gut daran getan, möglichst viele unterschiedliche Tätigkeitsbereiche kennenzulernen, um dann später den Weg in Agenturen, in die Typografie oder Backstage hinter die Laufstege dieser Welt zu gehen. Anstatt also Jobvermittlung für den Moment zu praktizieren, leistet die Arbeit mit der Karriereheldentypologie etwas viel Wertvolleres: Es geht um die grundsätzliche Orientierung für die nächsten Jahrzehnte, vielleicht sogar das gesamte berufliche Leben. Der Schlüsselsatz dafür ist:

Nichts motiviert mehr als die Sicherheit und die Bestätigung der eigenen Person.

„Ich treffe vielerlei Leute, die keine Freude an dem haben, was sie tun. Sie ‚absolvieren' einfach so ihr Leben, leben vor sich hin. Sie haben keine Freude an dem, was sie tun. Sie halten das Leben vielmehr aus, anstatt es zu genießen, und warten aufs Wochenende. Aber ich treffe auch Menschen, die das, was sie tun, lieben, und die sich nicht vorstellen könnten, etwas anderes zu machen. Würde man ihnen sagen: ‚Hör damit auf!', dann würden sie sich wundern, wovon man wohl redete. Denn es ist nicht, was sie tun, sondern wer sie sind. Sie sagen: ‚Aber, wissen Sie, das bin doch ich. Es wäre töricht von mir, diese Tätigkeit aufzugeben, spricht sie doch mein authentischstes Selbst an.' Und dies trifft nicht auf genügend Menschen zu.

Sir Ken Robinson, 2010, TED-Talk „Bring on the learning revolution"

Der erste Schritt liegt also im Ausarbeiten der eigenen Kompetenzen mit der Karriereheldentypologie als Referenz und Inspiration. Dafür ist es durchaus sinnvoll, Gedanken zu den Ergebnissen anderer Teilnehmer zu hören oder an Stellen nach Übereinstimmungen der Kompetenzen zu suchen, an denen wir normalerweise nicht suchen – wie zum Beispiel in der Kindheit. In Kapitel 4 des Superheldenjournals („Deine Superheldengeschichte") geht es darum, unsere heutigen Karrieresuperkräfte in unserem Spielverhalten in der Kindheit zu suchen. Es ist wirklich spannend, zu sehen, wie die Momente freudiger Vollendung aus der Kindheit uns auch heute helfen können, Orientierung zu finden. Völlig unbekümmert und frei von den heutigen Vorurteilen und Erfahrungen haben wir uns instinktiv einer ganzen Palette unserer Kompetenzen bedient. Daraus können wir heute lernen.

„I contain multitudes"

Meine Karriereheldentypolgie ist nur ein Modell, das den Zugang zum Verständnis und der Entwicklung der eigenen Karriere mit nur einer Herangehensweise löst. Wie lässt sich die Komplexität der unterschiedlichen Interessen und Kompetenzen unter einen Hut bringen? Was ist, wenn mehrere Ergebnisse gleichwertig sind und sich sogar widersprechen?

„Do I contradict myself? Very well, then, I contradict myself; I am large – I contain multitudes."

Walt Whitman

Dieses Zitat zeigt den Schmerz beim inneren Ringen mit der einen Lösung, dem Masterplan. „Ich widerspreche mir? Nun denn, dann widerspreche ich mir; ich bin groß – ich enthalte eine Vielzahl." Das eine klare Ergebnis gibt es so leider nicht, denn es ist die ständige Auseinandersetzung mit den verschiedensten inneren Dialogen, die uns im persönlichen wie im beruflichen Leben begleitet. Mein Tipp für den Umgang mit Zweifeln am richtigen Ergebnis ist der Dialog mit den inneren Dialogen. Abgeleitet von der Arbeit des Hamburger Kommunikationswissenschaftlers Schulz von Thun habe ich in Kapitel 9 des Superheldenjournals die Übung „Meister zweier Welten" entwickelt. Hier geht es nach den Prinzipien von Thuns innerem Team [7] um den Dialog mit mehreren Karriereheldentypen. Die Erfahrung mit den Teilnehmern der Workshops hat gezeigt, dass die Auseinandersetzung mit sich scheinbar widersprechenden Kräften von Karriereheldentypen aus verschiedenen Heldenfamilien für eine klare Entscheidung sinnvoll sein kann.

Die Interpretation des Kompetenznetzes

Nun zu den Ergebnissen des Kompetenznetzes: Wenn du dein komplettes Ergebnis in der Anordnung um den Kreis des Netzdiagramms vor dir siehst, kannst du leicht erkennen, wo du Schwerpunkte durch höhere Ausschläge hast – und wo nicht. Durch hunderte Einzelcoachings habe ich mittlerweile einen routinierten Blick entwickelt. Das Kompetenznetz meiner Coachees zeigt mir auf einen Blick, ob ich es mit einem unsicheren Teilnehmer, einer Kämpferin, die klare Ergebnisse liebt, oder mit Teilnehmern, die eher Scanner-Persönlichkeiten haben und sich nicht entscheiden wollen, zu tun habe. Wie bereits im letzten Absatz beschrieben, ist es nicht das Ziel, sich zu entscheiden, sondern Erkenntnisse aus der Gesamtheit der Ergebnisse der Karriereheldentypologie für sich mitzunehmen. Es folgt eine Interpretationshilfe.

Der selbstbewusste Solopreneur

Dieses Kompetenznetz eines 38-jährigen Unternehmers aus Berlin zeigt zwei sehr klare Ergebnisse: Nummer eins ist der Solopreneur, an zweiter Stelle kommt der Freelancer. An den Ausschlägen der Karrierehelденprofile mit der Arbeitsdimension „Selbstständig" können wir erkennen, dass diesem Coachee seine Freiheit und Selbstbestimmtheit enorm wichtig sind. Die Unternehmerenergie steht an erster Stelle, er möchte sich als Solopreneur eine eigene Existenz aufbauen, von der er leben kann. Festanstellung oder Führungsprofile sind kein Thema für ihn.

Mögliche Konflikte: Der Maker und der Unternehmer vertragen sich nicht immer gut. Wo der Solopreneur eigene Ideen und Konzepte schnell testen und erfolgreich machen will, möchte sich der Maker durch fachliche Kompetenz profilieren. Das kann zu Konflikten führen.

Innerer Dialog: Solopreneur zum Freelancer: „Jetzt lass mal gut sein, du Genius. Es ist auch o. k. mal zu scheitern. Wir müssen größer denken, um Großes zu erreichen!" / Freelancer zum Solopreneur: „Du bringst uns mit deinem Größenwahn in Gefahr. Außerdem braucht es manchmal einfach 30 Minuten länger, damit etwas wirklich gelingt!"

Solopreneur, 38 Jahre

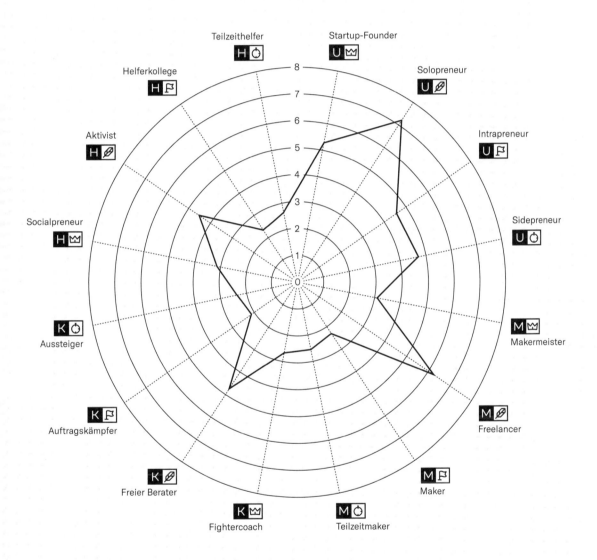

Schlussfolgerung: Eine wertvolle Erkenntnis für unseren 38-jährigen Unternehmer aus Berlin könnte sein, sich nicht ausschließlich auf das Unternehmertum zu konzentrieren. Für ihn ist es auch in Ordnung, Jobs als Freelancer in Bereichen anzunehmen, bei denen er Expertenstatus hat. In jedem Fall wird es immer wieder spannend, da hinzuschauen, wo der Unternehmer in ihm dann wieder Platz braucht.

Die vielbegabte Journalistin

Was für ein Blumenstrauß voller Kompetenzen uns diese 33-jährige Journalistin aus Hamburg hier mitbringt. Dieser Coachee hat definitiv multiple Superkräfte. Auch wenn es schwer erscheint, zwei Ergebnisse herauszupicken: Wir können sehen, dass sie leicht stärkere Ausschläge bei der Sidepreneurin und der Teilzeitmakerin hat. Ihr ist es also ebenso wichtig, gute Arbeit als freie Journalistin in den Redaktionen der Hansestadt zu leisten, wie auch ein eigenes Projekt auf die Beine zu stellen. Dabei ist ihr die freie Zeiteinteilung und die Balance zwischen Familie und Arbeit besonders wichtig.

Mögliche Konflikte: Auch wenn sich ein ähnlicher Konflikt wie bei unserem Solopreneur-Coachee zuvor abzeichnen könnte, so liegt das Konfliktpotenzial bei ihr woanders: Ständig fragt sie sich, ob sie auch das Richtige macht, ob sie nicht auch einmal nach links in Richtung Autorenschaft oder nach rechts in Richtung Unterstützung einer weltweiten NGO für einen guten Zweck schauen sollte. Dennoch geht für sie natürlich nur ein Engagement, das ihr genügend Zeit für ihre junge Familie und für sich selbst lässt.

Innerer Dialog: Sidepreneurin: „Hey Leute, lasst uns mal etwas Richtiges starten, eine Bewegung, ein eigenes Unternehmen – bämm!" / Teilzeitmakerin: „Aber es muss fachlich fundiert und gut sein. Ich gebe unseren guten Ruf nicht für irgendwas her!" / Aussteigerin: „Lasst uns aufs Ganze gehen – auswandern, an Stränden leben!

Journalistin, 33 Jahre

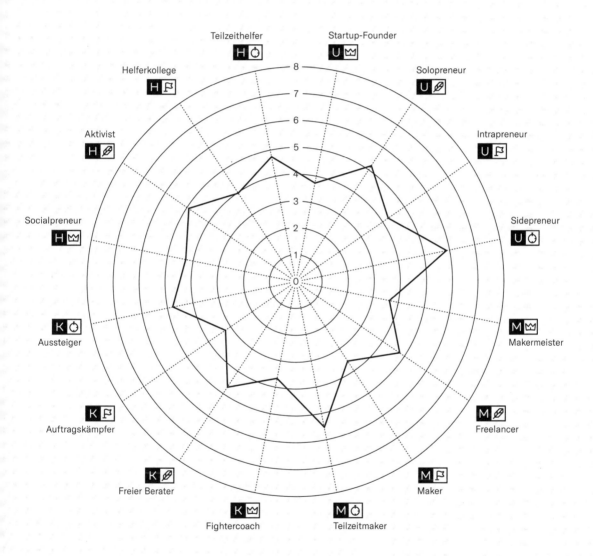

Machen wir unseren Traum zum Beruf!" / Teilzeithelferin: „Für einen guten Zweck möchte ich mit euch arbeiten, aber wir dürfen nicht unsere Seele verkaufen!"

Schlussfolgerung: So schwer es fällt: Alles auf einmal geht leider nicht. Unser Coachee tut also gut daran, eine Entscheidung zu treffen – auch wenn es erst einmal nur für die nächsten zwei Jahre ist. Mit ihrer Kompetenz als Journalistin wäre sie durchaus in der Lage, einen Trend zu identifizieren und eine Geschäftsidee daraus zu entwickeln. Mit einer starken Mitgründerin oder einem starken Mitgründer hätte sie auch genügend Zeit für ihre Sidepreneurinnen-Karriere und ihre Familie. Eine perfekte Kombination also.

Der Weg der Heldenreise

Als weiteren Rat für den Umgang mit der Karriereheldentypologie gebe ich dir ein wichtiges Element für den Einsatz mit deinem Team, einer Abteilung, einem Erstsemester an deiner Universität oder für deine Coachees in deinen Karrierecoachings mit: Es geht um das Element des Storytellings. Nicht umsonst habe ich das Bild der Karrierehelden gewählt. Wenn du einen Workshop zum Thema Teambuilding oder eine Coachingstunde vorbereitest, kannst du Elemente der sogenannten „Heldenreise" hervorragend mit der Karriereheldentypologie verbinden. Die Arbeit des amerikanischen Mythologen Joseph Campbell[8] liefert eine Vielzahl von Ansätzen für das Erzählen einer Heldenreise. Campbell untersuchte universelle Strukturen der Mythen, die in allen Regionen der Erde schon immer erzählt wurden – und auch in Zukunft wohl immer erzählt werden.

Die Adaption der Heldenreise nach Joseph Campbell war für mich auch eine wichtige Inspiration während des Schreibprozesses rund um das Superheldenjournal. In vier Teilen und zwölf Kapiteln führe ich durch eine Heldenreise, die interessanterweise nicht sofort mit der Verwandlung zum Karrierehelden beginnt, sondern mit dem Gang in den Abgrund, den Zweifeln. Denn erst, wenn du weißt, was dich zurückhält und schwächt, kannst du deine Stärken auch wirklich sehen und nutzen. Ein weiterer wichtiger Schritt ist der Kampf gegen den Antagonisten. In der klassischen Heldenreise ist das der Bösewicht. Dieser Schritt ist in meiner Adaption die zuvor geschilderte Auseinandersetzung mit dem Kompetenznetz. Die Möglichkeiten für die Planung eines intensiven Workshops, zum Beispiel für das Stärken des Zusammenhaltes und die Findung einer gemeinsamen Vision für ein Team, sind vielfältig. Die Prinzipien der Heldenreise wurzeln in ureigensten Bedürfnissen und bieten eine wirksame Orientierung.

5 / Empirische Untersuchung zur Karriereheldentypologie

Ein wichtiger Schritt für die Arbeit mit der Karriereheldentypologie und meinen Annahmen zu New Work war die Datenanalyse aus den Befragungen der letzten Jahre. Es lag nahe, einen Blick auf die Karrierewünsche der Teilnehmer des Karriereheldentests zu werfen. Bei der empirischen Untersuchung unterstützte mich der Wirtschaftspsychologe Ernst Roidl. [9]

Beschreibung der Stichprobe

Insgesamt analysierten wir über 2.000 Testprofile statistisch tiefgehend. Im Mittelpunkt standen Fragen nach Karrierepräferenzen, Alter und Geschlecht: Würden Frauen sich genauso häufig selbstständig machen wollen wie Männer? Wie stark ist der Einfluss tradierter Rollenbilder für die Wahl zum Einsatz der Karrieresuperkräfte? Die Stichprobe bestand aus 2.054 Karriereheldinnen (67 Prozent) und Karrierehelden (30 Prozent). Einige enthielten sich einer Geschlechtsangabe (3 Prozent). Der Altersdurchschnitt lag bei 37 Jahren (18–79 Jahre). Die Teilnehmer kamen aus unterschiedlichsten Branchen und Berufen. Bei der empirischen Untersuchung suchten wir nach Mustern und Auffälligkeiten. Viele Erkenntnisse haben meine Grundannahmen zu den Themen von New Work gestützt.

Die erste Frage war: Ist meine Karriereheldentypologie valide und funktionieren die unterschiedlichen Karriereheldentypen in ihrer Ausprägung? Auffallend war, dass relativ viele Arbeitsweisen und Tätigkeiten beliebt sind. Bei einer Skala von 1 bis 6 (1 = Trifft überhaupt nicht auf mich zu; 6 = Trifft vollkommen auf mich zu) fiel keine der acht Dimensionen (Karriereheldenfamilien und Arbeitsdimensionen) unter 3 – und wir haben insgesamt sechs Attribute, die über 4 liegen. Im Vergleich zu anderen Untersuchungen in der Psychologie ist es eher selten, dass Werte so gut scoren. Das ist ein Zeichen dafür, dass die 16 Karriereheldentypen ein hohes Identifikationspotential bieten.

Wir erkannten einige Zusammenhänge, die besonders überraschend und auffällig waren. Diese haben wir in vier Hypothesen genauer beschrieben.

Hypothese 1: Die Karrierehelden haben in ihrer Vielfalt kein Geschlecht.

Beschreibung: Bei der Wahl zwischen den 16 verschiedenen Karrierehelden gab es nur sehr geringe geschlechtsspezifische Unterschiede. So sind es, um nur ein Beispiel zu nennen, fast genauso viele Frauen wie Männer, die sich vorstellen können, aufs Ganze zu gehen und ihre Kämpferenergie im Beruf auszuleben. Hier gibt es keine Anzeichen dafür, dass Frauen oder Männer im Durchschnitt unterschiedliche Karrierepräferenzen haben.

Datenanalyse: Die im Diagramm ersichtliche Verteilung zwischen den Geschlechtern ist ausgewogen. Selbst die größten Unterschiede (Solopreneure: weiblich 4,65, männlich 4,73; Freie Berater: weiblich 4,56, männlich 4,63) spielen sich mit 0,08 auf der zweiten Stelle hinter dem Komma ab.

Fazit: Die Karriereheldenfamilie der Unternehmer ist weder eine typisch männliche Domäne, noch ist die Karriereheldenfamilie der Helfer ein typisch weibliches Tätigkeitsfeld. Die erste Hypothese lautet deshalb: **Die Vielfalt bei Karriererhelden hat kein Geschlecht.**

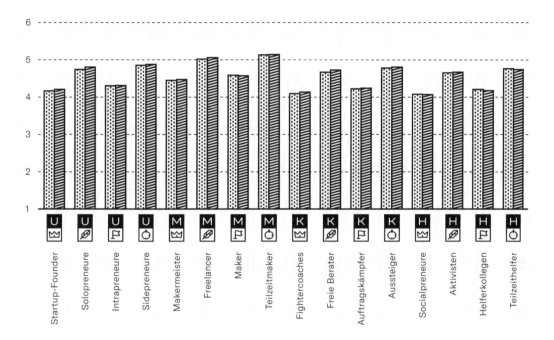

Hypothese 2: Karrierehelden brechen mit althergebrachten Rollenbildern.

Beschreibung: In der Grafik zur ersten Hypothese kann man schon recht gut die Karriereheldentypen erkennen, die am stärksten in der Stichprobe vertreten sind. Konkret sind es Solopreneure und Sidepreneure, Freelancer und Teilzeitmaker usw. Dies sind jeweils die Karriereheldentypen, die selbstständigen Tätigkeiten oder Tätigkeiten in Teilzeit nachgehen wollen.
Mit der Brille tradierter Rollenbilder könnte man meinen, es wären eher die berufs-tätigen Mütter, die sich um Teilzeitstellen bemühen, um Familie und Beruf in Ein-klang zu bringen. Wenn man sich dazu noch in den deutschen Führungsetagen von heute umschaut, könnte man vermuten, dass der Wunsch nach Führung eine stark männlich geprägte Domäne sei.

Datenanalyse: In der Auswertung jedoch zeigt sich: Weder Männer (3,3 von 6) noch Frauen (3 von 6) bevorzugen eine Führungsposition. Auch die Präferenz für einen Teilzeitjob war sowohl bei Männern (4,5 von 6) als auch bei Frauen (4,6 von 6) sehr ausgeprägt. Im Hinblick auf die Frage nach dem Arbeitsplatz der Zukunft lässt sich eventuell vermuten, dass klassische Rollenverteilungen und hierarchische Arbeits-formen immer unwichtiger werden. Der zweitschlechteste Wert in der Präferenz fiel zudem auf Tätigkeiten in Festanstellung (3,3 und 3,5 von 6).

Fazit: **Dies führt zur Hypothese, dass Karrierehelden mit althergebrachten, sicheren Karrierewegen brechen und neue, flexible Lebensrealitäten für sich umsetzen möchten.** Ein wenig weitergedacht, könnte das bedeuten, dass gerade die starke Präferenz auf Teilzeit bei Männern auch das Spannungsfeld der Vereinbarkeit von Familienplanung und Beruf beeinflusst. Es besteht also die Chance, dass durch das Desinteresse an herkömmlichen Rollenverteilungen automatisch mehr Gleich-berechtigung entstehen kann. Das ist im Grunde ein wenig mein Utopia von New Work.

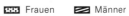 Frauen 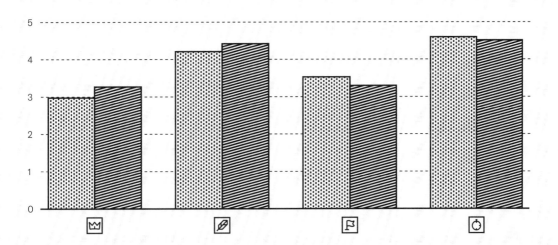 Männer

Hypothese 3: Im Alter wächst der Mut zu flexiblen Arbeitsformen.

Beschreibung: Nach der Betrachtung des Gesamtdurchschnitts im Geschlechtervergleich geht es nun an die Betrachtung des Alters. Gibt es Arbeitsdimensionen, die eher von der jüngeren Generation bevorzugt werden? Die Antwort dazu ist äußerst interessant.

Datenanalyse: Insbesondere in den Altersgruppen 25 Jahre und jünger sowie 50 Jahre und älter gibt es die deutlichsten Unterschiede. Zum Ersten ein interessanter Unterschied, der die zweite Hypothese und die Entscheidung zu flexibleren Arbeitsdimensionen unterstreicht: Die wenigsten 25 Jahre alten und jüngeren Teilnehmer des Karriereheldentests wollen in Festanstellung und Führungspositionen arbeiten (Festanstellung: 3,7 von 6; Führung: 3,4 von 6). Und die 50 Jahre und älteren Teilnehmer wollen noch weniger Tätigkeiten in diesen Arbeitsdimensionen nachgehen (Festanstellung: 3,2 von 6; Führung: 3,1 von 6).
Die zweite Feststellung ist, dass die Altersgruppe 50+ eher bereit ist, ihre Unternehmerenergie auszuleben (4,6 von 6) als die jüngere Zielgruppe (4,1 von 6). Dies gilt auch für die Selbstständigkeit (Ü50: 4,6 von 6; U25: 4,3 von 6).

Fazit: **Im Alter wächst der Mut, sich selber noch einmal auszuprobieren.** Dabei wächst vielleicht auch der Mut, aus den als Beschränkung wahrgenommenen festen Positionen auszubrechen. Ein Grund dafür kann auch die Notwendigkeit sein, sich zu verändern. Ab 50 Jahren sind die Teilnehmer eher bereit, flexiblen Arbeitsformen wie der Selbstständigkeit nachzugehen. Auch der Unternehmergeist wächst. Für mich ist dies eine wunderbare Erkenntnis – und ich würde diese Ergebnisse so interpretieren, dass mit steigender Lebens- und Berufserfahrung auch die Nachfrage nach hoch spezialisierten Experten als Freiberufler steigt. Auch die Ideen für Unternehmensgründungen scheinen vielfältiger zu werden.

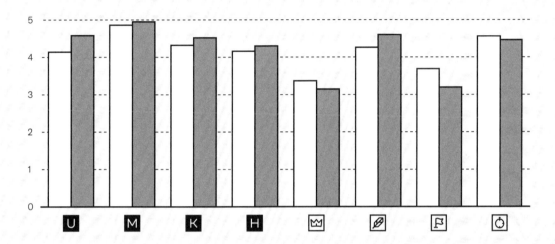

Hypothese 4: Frauen finden mit zunehmendem Alter mehr Mut zur beruflichen Freiheit.

Beschreibung: Die Feststellung, dass das Alter Einfluss auf die Wahl des Karrierewegs haben kann, brachte Ernst und mich darauf, noch tiefer im Datenschatz zu graben. Schließlich sind wir bei der Frage fündig geworden, ob das Geschlecht bei der Karrierewahl der Altersgruppen 25 Jahre und jünger sowie 50 Jahre und älter eine Rolle spielen würde.

Datenanalyse: Wie auf den zwei Diagrammen zu sehen ist, gibt es bei den älteren im Vergleich zu den jüngeren Männern nur in den Bereichen Festanstellung und Führung wirklich sichtbare Unterschiede (Festanstellung: Ü50: 3,0; U25: 3,5 / Führung: Ü50: 3,6; U25: 3,2). Interessant ist dabei zudem, dass es einen erhöhten Kämpfergeist bei Männern der Altersklasse 50+ zu geben scheint (Kämpfertypen: Ü50: 4,8; U25: 4,3).
Die Ergebnisse bei den Frauen sind allerdings deshalb überraschender gewesen, weil sie im Durchschnitt für die Ergebnisse verantwortlich sind, die bei Hypothese 3 „Im Alter wächst der Mut zu flexiblen Arbeitsformen" beschrieben wurden. Schaut man sich das Diagramm für die Verteilung der Heldenfamilien und Arbeitsdimensionen bei Frauen im Altersvergleich an, so wird deutlich, dass es Frauen ab 50 Jahren und älter sind, die sich noch mehr für die Selbstständigkeit (Selbstständig: Ü50: 4,7; U25: 4,2) und eine Karriere als Unternehmerin entscheiden (Unternehmertypen: Ü50: 4,6; U25: 4,1).

Fazit: Es ist deutlich sichtbar, dass Frauen der Altersklasse 50+ sich mehr für die Gründung eines Unternehmens interessieren als 25-jährige und jüngere Frauen. Bezogen auf diese Veränderungen im Alter wird das Interesse an einer Unternehmerschaft bei Frauen nur noch getoppt von dem Wunsch, sich selbstständig zu machen. Wenn es also um die Verwirklichung eigener Geschäftsideen und einer ungebundenen, freien Arbeitsweise geht, lautet die vierte und letzte Hypothese: **Frauen finden mit zunehmendem Alter mehr Mut, ihre berufliche Freiheit zu realisieren.**

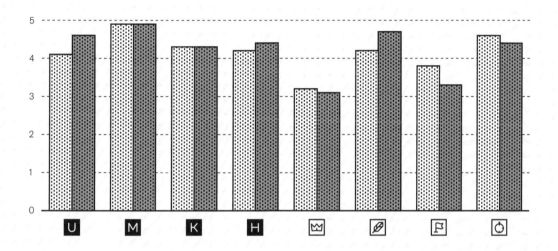

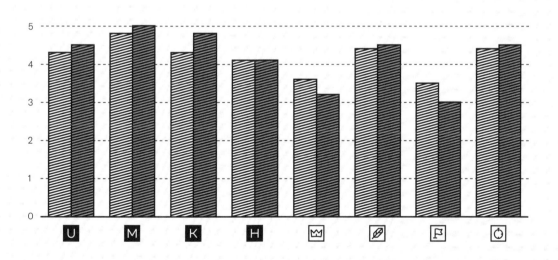

Ausblick

Die Ergebnisse aus der Untersuchung der bisher erhobenen Daten und die vier daraus entwickelten Hypothesen stimmen mich positiv, dass die Arbeit mit der Karriereheldentypologie auch essenzielle Themen im Bereich New Work berühren und neuralgische Punkte, an denen Veränderungen passieren, aufzeigen kann. Größere gesellschaftliche Entwicklungen – wie die Veränderung der Blickweise auf Rollenbilder durch Arbeit sowie der Umgang mit der Veränderung des Begriffs der Arbeit selbst – sind natürlich komplex und nicht einfach zu greifen.

Fragen, die jetzt noch offen sind, wären beispielsweise: Ob und wie können die Wünsche in Richtung mehr Flexibilität und berufliche Freiheit umgesetzt werden? Wie verändern sich eher klassische Positionen im Bereich der Festanstellung und von Führungspositionen dadurch? Dies wird Teil künftiger Untersuchungen sein. Ich freue mich im übrigen sehr über Ideen zu Kooperationen im Bereich wissenschaftlicher Untersuchungsmethoden und Feedback zu den Hypothesen.

6 / Dein Testzugang

Mit diesem Buch erhältst du einen exklusiven Onlinezugang für den Karriereheldentest, mit dem du eine Übersicht über alle 16 Ergebnisse der Karriereheldentypologie
bekommst. Nach der Anmeldung über die Startseite für den Test erhältst du eine
E-Mail, kommst direkt zum Fragebogen und kannst den Test absolvieren. Du kannst
dich auf folgender Seite für den Karriereheldentest anmelden:

www.newworkhero.es/nwh

So funktioniert der Test

Im Anschluss an die oben beschriebene Anmeldung für den Karriereheldentest
bewertest du insgesamt 40 verschiedene Aussagen auf einer Skala von 1 bis 6.
Danach bekommst du deinen persönlichen Karriereheldentyp in einer prägnanten
und motiverenden Beschreibung vorgestellt. Außerdem erhältst du eine Liste mit
allen 16 Ergebnissen.

Hier noch ein paar Tipps zum Umgang mit dem Test:

→   Bewerte die Aussagen intuitiv, ohne den Kopf zu stark einzusetzen. Es geht um
    die ehrliche Übereinstimmung der Fragen mit dem, was du tun willst.

→   Geht es um deine echte berufliche Situation oder um deine Wunschvorstellun-
    gen? Ganz klar: Es geht um das, was du wirklich tun möchtest. Wenn du mitten
    im beruflichen Wandel steckst, nimm die Aussagen, die deinen Wünschen
    entsprechen!

→   Trau dich, klare Angaben zu machen: Wähle nicht nur Mittelwerte auf der Skala –
    wie beispielsweise 3 oder 4.

→   Zum Schluss wähle deine drei Lieblingsaussagen für ein klareres Ergebnis. Da viele Aussagen zur Auswahl stehen, bearbeite den Test der besseren Übersicht halber lieber am Computer.

→   Bewahre die Ergebnis-E-Mail gut auf, damit du mit den Ergebnissen arbeiten kannst.

→   Der Zugang zum Test gilt nur für eine Person. Bitte gib den Link deshalb nicht an Mitarbeiter, Kollegen, Schüler oder Studierende weiter. Für mehrere Zugänge bestell dir bitte mehrere Bücher oder entsprechende Angebote.

→   Auf newworkhero.es findest du eine Kurzversion des Tests zu den vier Karriere-heldenfamilien.

Nutze den Ausklapper dieses Buches

Die 16 Testergebnisse in der Übersicht sowie das Gesamtergebnis sind dein Schlüssel für das Spannen deines Kompetenznetzes im nächsten Kapitel und für das Vergleichen der verschiedenen möglichen Ergebnisse der Karriereheldentypologie. Dadurch erhältst du ein tiefer gehendes Verständnis der verschiedenen Anteile von Karrieresuperkräften, die in dir stecken. Am besten trägst du die 16 Ergebnisse inklusive Kommastellen in den Ausklapper hinten in diesem Buch ein. Nimm dir Zeit und vergleiche deine Testergebnisse, lies die Beschreibung der verschiedenen Karriereheldentypen und ziehe Schlüsse für neue Erkenntnisse.

7 / Dein Kompetenznetz

Ich hoffe, dein Testergebnis und die Übersicht der Karriereheldentypologie haben dir geholfen, die Unterschiede zwischen Karriereheldenfamilien und Arbeitsdimensionen zu erkennen. Der spannendste Teil für mich als Karriereberater ist natürlich die Auswertung des Gesamtergebnisses. Nach über 2.000 Einzelberatungen und über 50 intensiven Workshoptagen mit angehenden Karrierehelden kann ich relativ schnell Muster erkennen. Viele Teilnehmer haben mithilfe der Übungen aus den Workshops und durch das Feedback der anderen Teilnehmer echte Durchbrüche erzielt, die ihnen in ihrem Berufsleben nachhaltig geholfen haben.

In diesem Kapitel ist es mir ein Anliegen, dir eines der wirkungsvollsten Werkzeuge aus dem Superheldenjournal an die Hand zu geben. Das Ende 2016 erschienene Buch ist die Essenz aus meiner Workshoparbeit. Es enthält zwölf Kapitel – und somit auch zwölf Übungen. Auch wenn es für wirklich wirkungsvolle Ergebnisse sehr sinnvoll ist, sich zunächst mit den inneren Dialogen und Blockaden zu beschäftigen sowie die komplette Heldenreise anzutreten, kann dein Testergebnis bei deiner Karriereorientierung helfen.

Besiege deinen Endboss!

Die vorliegende Übung ist Übung Nr. 10 aus dem Superheldenjournal. Sie ist Teil des dritten Teils des Buches („Agon"). Hier geht es nach dem Überwinden der inneren Zweifel und dem Finden der inneren Karrieresuperkräfte um das Besiegen des Endbosses. Es ist die große Schlacht des Karrierehelden um die Rettung der Welt. Übersetzt heißt das: Es geht um das Besiegen der inneren Dialoge und der Blockaden, die dich davon abhalten, das zu tun, was du beruflich wirklich tun willst.

Vielleicht fragst du dich, warum es dabei um Kampf gehen soll. Wie können Karrieresuperkräfte dich behindern? Es ist Zeit, dass ich meine wichtigste Erkenntnis aus den letzten fünf Jahren Arbeit mit dir teile: Der wichtigste Grund, aus dem Menschen es nicht schaffen, ihr Karrierepotenzial für sich zu nutzen, sind nicht der falsche Chef, schlechte Kollegen, zu wenig Geld oder die Wirtschaftslage. Es ist die Unfähigkeit, aus der Vielzahl von Möglichkeiten der eigenen Kompetenzen eine Wahl zu treffen.

Wenn dir eine Entscheidung ins Netz geht

Die visuelle Übersicht zum Gesamtergebnis der Karriereheldentypologie in einem Netzdiagramm ist sehr erhellend. Welche Schwerpunkte habe ich? Wo gibt es keine oder wenige Ausschläge? Genau hier fängt die Analyse an. Ich habe durch die Vereinfachung auf nur zwei Werte versucht, die Erkenntnis zu einer Handlungsempfehlung zu verdichten. Es geht um die Darstellung aller deiner 16 Ergebnisse in einer kreisförmig angeordneten Grafik. Dieses Netzdiagramm hilft dir, auf einen Blick zu erkennen, wie deine Karrieresuperkräfte verortet sind.

Wenn du einen starken Unternehmergeist besitzt und gerne selbstständig und frei arbeitest, könnte es sein, dass du bei den Solopreneuren und Sidepreneuren in etwa gleich hohe Ausschläge hast. Freiheit und Kontrolle über die eigene Arbeitszeit zu haben, ist sowohl bei Selbstständigen als auch bei Teilzeitangestellten ein wichtiges Merkmal. Meiner Erfahrung nach sind es aber weniger die Arbeitsdimensionen, um die es letztendlich geht. So könnte zum Beispiel die Teilzeitanstellung eine Vorbereitung für den Weg in die Selbstständigkeit sein.

Es geht vielmehr um den Widerspruch zu einer anderen Karriereheldenfamilie – zum Beispiel die Unternehmerin, die kein Interesse an der Helferin hat, oder der Maker, der die Welt der Kämpfer nicht versteht. Oder es geht um zwei Ergebnisse, die sehr nahe beieinanderliegen – zum Beispiel eine Kämpferin, die klare Ambitionen hat, die Welt zu retten, und sich mit konkurrierenden Gedanken, wie dem Willen zu Leistung und Anerkennung auf der einen Seite und dem Wunsch zu Veränderung und Einfluss auf der anderen Seite, das Leben schwer macht. Es ist sowohl lehrreich als auch schmerzhaft, sich die Frage zu stellen, warum ein anderer Kompetenzanteil so weit weg von einem anderen ist – oder so nah dran liegt. Letztlich ist das auch eine Momentaufnahme der Präferenzen und gleichzeitig die perfekte Grundlage für ein weitergehendes Karrierecoaching.

Übungsanleitung

Für das Spannen deines Kompetenznetzes, in dem sich dein Endboss verfangen kann und durch das du anschließend in der Lage bist, ihn ans Licht zu zerren, brauchst du alle deine 16 Werte aus dem Karriereheldentest. Folge diesen Schritten:

→ Schreibe zuerst die Werte aus deinem Karriereheldentest in die Übersicht im Ausklapper dieses Buches.

→ Suche dir dann in dem Netzdiagramm die jeweils richtige Stelle für die Werte und markiere diese mit einem Kreuz auf den zu den 16 Karriereheldentypen gehörenden Strahlen.

→ Verbinde danach deine Markierungen untereinander und spanne somit dein Kompetenznetz im Netzdiagramm.

Du wirst sehen: Die visuelle Darstellung deiner Testergebnisse im Kompetenznetz hat eine besondere Wirkung. Blättere noch einmal durch das dritte Kapitel und sieh dir die Beschreibungen der Karriereheldentypen an, die du vorher nicht beachtet hast. Jetzt geht es um den finalen Akt: Das Besiegen des Endbosses ist der Sieg über deine inneren Stimmen und deine Unsicherheiten. Sei mutig und fokussiere dich. Entscheide dich für den Karriereheldentypen, der dir am wichtigsten ist, und für die Karriereheldenkraft, die damit am ehesten korreliert, in Konflikt steht oder dich reizt. Es geht darum, was dich bei der Betrachtung deines Ergebnisses überrascht hat und dich nicht mehr loslässt. Ein Unternehmer, der auch Helferanteile hat, könnte sich fragen: „Will ich ein erfolgreiches Unternehmen aufbauen oder die Welt retten?" Eine Kämpferin mit Führungsambitionen, die auch einen hohen Wert im Bereich Teilzeit hat, fragt sich vielleicht: „Will ich Karriere machen oder eine Familie gründen?" Es geht um ähnlich ambivalente Fragen und scheinbare Konflikte. Du wirst sie finden, keine Sorge.

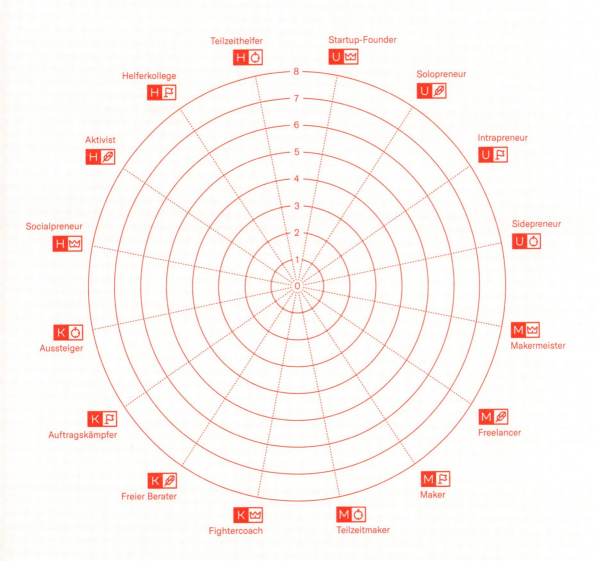

Teilzeithelfer H

Startup-Founder U

Solopreneur U

Helferkollege H

Intrapreneur U

Aktivist H

Sidepreneur U

Socialpreneur H

Makermeister M

Austeiger K

Freelancer M

Auftragskämpfer K

Maker M

Freier Berater K

Fightercoach K

Teilzeitmaker M

Beantworte nun diese Fragen:

Welche Ergebnisse haben dich überrascht?
(Gibt es Zusammenhänge in der Übersicht aller 16 Werte der verschiedenen Typen, die dich verwundert haben?)

_____

_____

_____

Bei welchen Ergebnissen siehst du einen Konflikt?
(Manchmal scheinen Ergebnisse nicht zusammenzupassen – wie „frei" vs. „fest",
„Führung" vs. „Teilzeit", „Kämpfertyp" vs. „Helfertyp".)

_____

_____

_____

Welche zwei Ergebnisse sind dir am wichtigsten?
(Notiere die zwei zugehörigen Karriereheldentypen.)

_____

Abschluss

Herzlichen Dank für dein Interesse und dass du diese Heldenreise angetreten hast. Ich hoffe, dieses Buch hat dir Antworten auf einige Fragen zum Thema New Work und neue Erkenntnisse für deine Karriereplanung gegeben.

Ich würde mich freuen, wenn du nun neugierig auf mehr bist und deine Heldenreise fortsetzen möchtest. Um dir die Entscheidung zu erleichtern, bekommst du mit dem Gutscheincode NWH2018 auch einen Rabatt bei Bestellungen meiner weiteren Angebote, wie Einzelcoachings oder meine anderen Bücher.

Wenn du als Karrierecoach, Führungskraft oder Lehrkraft mit Schülern oder Studenten zu tun hast und meine Arbeit um New Work Heroes gerne nutzen möchtest, bin ich sehr erfreut darüber und habe auch für dich ein Angebot: Es gibt Starterkits und Train-the-Trainer-Material für den Einsatz der Karriereheldentypologie. Bei größeren Bestellungen ab 20 Exemplaren von „New Work Heroes" inklusive Zugang zum Test kannst du von Vorteilspreisen profitieren. Auch Personalisierungen und Anpassungen für deine Organisation sind denkbar. Ich freue mich auf deine Rückmeldung!

Mit heldenhaften Grüßen

Jörn Hendrik Ast

 Solopreneur   jha@newworkhero.es

Glossar

Anmerkungen/Quellennachweise

S. 12

1   The uncertain future of handwriting. Verfügbar
unter: bbc.com/future/story/20171108-the-uncertain-fu-
ture-of-handwriting. (9.11.2018)

2   Exodus. Verfügbar unter: aeon.co/essays/elon-musk-
puts-his-case-for-a-multi-planet-civilisation. (9.11.2018)

S. 13

Illustration von George Roux. Aus: Jules Verne: Meister
der Welt. Paris, 1902-03; Getty Images.

S. 19

3   Global Entrepreneurship Monitor. Verfübar unter:
gemconsortium.org/report. (9.11.2018)

S. 20

4   KfW-Gründungsmonitor 2018. Verfügbar unter: kfw.de.
(09.11.2018)

S. 21

Bildidee nach ulligunde.com. Bild verfügbar unter:
unsplash.com/photos/FPz-Dd-xx4c. (9.11.2018)

S. 27

5   Die „Lehre der vier Säfte" wird als medizinische
Theorie von Hippokrates (um 460 v. Chr. bis 370 v. Chr.)
formuliert und basiert auf der „Vier-Elemente-Lehre" des
Philosophen Empedokles (um 495 v. Chr. bis 435 v. Chr.).
Mehr unter: de.wikipedia.org/wiki/Humoralpathologie.
(9.11.2018)

6   Career Anchors & Career Paths. Verfügbar unter:
dspace.mit.edu/bitstream/handle/1721.1/1878/SWP-0707-
02815445.pdf. (9.11.2018)

S. 28

Illustration: Die vier Elemente der Alchemie. Verfübar unter: de.wikipedia.org/wiki/Vier-Elemente-Lehre#/media/
File:Vier_Elemente_der_Alchemie.svg. (9.11.2018)

S. 69

7   Einführung zum Inneren Team. Verfügbar unter:
inneres-team.de/miss-lexikon. (9.11.2018)

S. 74

8   „Ein Held wagt sich aus der Welt des Alltags in
eine Region des übernatürlichen Wunders: Dort werden
fabelhafte Kräfte angetroffen und ein entscheidender
Sieg errungen. Der Held kehrt von diesem mysteriösen
Abenteuer mit der Kraft zurück, seinen Mitmenschen
Gaben zu schenken." Joseph Campbell: Der Heros in
tausend Gestalten, New York, 1949, Einleitung.

S. 77

9   Ernst ist promovierter Wirtschaftspsychologe und
Empiriker aus Leidenschaft. Er untersucht in seinen viel-
fältigen Projekten und Vorlesungen (unter anderem an der
Leuphana Universität Lüneburg und der HAW Hamburg)
das Spannungsfeld zwischen Mensch, Maschine und
Umwelt. Seine Fragestellungen betreffen umfangreiche
Themengebiete: vom Autofahren der Zukunft über die
Bedürfnisse von Usern in der digitalen Welt bis hin zu
den Anforderungen in der neuen Arbeitswelt (Stichwort
„Workload und psychologische Gesundheit"). Ernst lebt
und arbeitet in Hamburg.

Stop starting – start finishing.
newworkhero.es

Das Leben aller Karrierehelden steckt voller Worte der Kraft. Welche Hashtags passen zu dir? #eigene-Projekte #Erfolgsorientierung #Ideenvulkan #Serienunternehmer #Unternehmergeist #fachliche-Anerkennung #Kreativität #Makergeist #Effizienz #Meisterschaft #Spezialisierung #Ausdauer #Endboss-besiegen #Gewinnermentalität #Werte #Problemlösungskompetenz #ultimative-Herausforderung #Einfluss #Purpose #Veränderung #Wandel #Werte #Einflussnahme #Entscheidungsfindung #Führungskompetenz #Integrität #Wandel #Resilienz #Ausdauer #Durchsetzungsvermögen #Freiheitsliebe #Purpose #Selbstmanagement #Projektarbeit #Absicherung #Kontinuität #Teamfähigkeit #Strukturliebe #Vorhersehbarkeit #Effizienz #Flexibilität #Privatleben #Vereinbarkeit #Zeitmanagement #Werte #Erfolgsorientierung #Führungskompetenz #Ideenvulkan #Spezialisierung #Integrität #Resilienz #Unternehmergeist #Ausdauer #eigene-Projekte #Freiheitsliebe #Ideenvulkan #Selbstmanagement #Unternehmergeist #Erfolgsorientierung #Ideenvulkan #Strukturliebe #Teamfähigkeit #Unternehmergeist #Vorhersehbarkeit #Effizienz #eigene-Projekte #Flexibilität #Ideenvulkan #Unternehmergeist #Vereinbarkeit #Effizienz #Einflussnahme #Entscheidungsfindung #fachliche-Anerkennung #Führungskompetenz #Meisterschaft #Spezialisierung #Durchsetzungsvermögen #Freiheitsliebe #Kreativität #Werte #Makergeist #Meisterschaft #Projektarbeit #Absicherung #Strukturliebe #fachliche-Anerkennung #Kontinuität #Purpose #Meisterschaft #Resilienz #Vorhersehbarkeit #Effizienz #Kreativität #Makergeist #Privatleben #Spezialisierung #Zeitmanagement #Vereinbarkeit #Einflussnahme #Endboss-besiegen #Führungskompetenz #Gewinnermentalität #Werte #Resilienz #Ausdauer #Durchsetzungsvermögen #Freiheitsliebe #Problemlösungskompetenz #Projektarbeit #Selbstmanagement